19886
B

HISTOIRE

DE

TURENNE

Mort de Turenne

HISTOIRE

DE

TURENNE

Cinquième édition.

LILLE

L. LEFORT, IMPRIMEUR-LIBRAIRE.

M D CCC LIX

1858

HISTOIRE

DE TURENNE

LIVRE PREMIER

Naissance de Turenne ; son éducation ; son caractère. — Il se distingue au siége de la Mothe. — Retraite de Turenne dans l'affaire de Mayence. — Siége de Saverne. — Prise de Landrecies, de Maubeuge, de Beaumont et de Brissac. — Combat de la *Route*. — Glorieuse campagne contre Turin.

Henri de la Tour d'Auvergne, vicomte de Turenne, naquit à Sedan, le 11 septembre de l'année 1611. Il était le second fils de Henri de la Tour d'Auvergne, duc de Bouillon, prince de Sedan, et d'Elisabeth de Nassau, fille de Guillaume de Nassau, premier du nom, prince d'Orange. Ainsi, du côté paternel, il tirait son origine des anciens comtes d'Auvergne, dont la maison, par ses alliances, tient à ce qu'il y a de plus grand en Europe pour la naissance ; et, du côté maternel, il descendait de la maison de Nassau, qui a donné un empereur à l'Allemagne, plusieurs capitaines généraux à la république de Hollande, et un roi à l'Angleterre.

Comme les parents du vicomte de Turenne étaient de la religion prétendue réformée, ils le firent élever à Sedan dans les principes de cette religion. Sitôt qu'il fut en âge d'avoir des maîtres, le duc de Bouillon, son père, mit auprès de lui des gens capables de lui donner une éducation digne de sa naissance et des grandes vues qu'il avait pour lui. Dès ses premières années, il fit voir une maturité si fort au-dessus de son âge, un si grand empire sur lui-même, et une disposition d'esprit si préparé à embrasser tout ce qu'on lui proposait de raisonnable, qu'on jugea bien dès lors qu'il était né pour donner au monde de grands exemples de vertu.

Le temps de l'éducation domestique étant fini, et le duc de Bouillon étant venu à mourir, la duchesse de Bouillon, chargée de la conduite de ses enfants, envoya le vicomte de Turenne en Hollande, pour y apprendre le métier de la guerre, sous le prince Maurice de Nassau, son frère, qui passait à juste titre pour un des plus grands capitaines de son siècle.

Sitôt que le vicomte de Turenne fut arrivé en Hollande, le prince Maurice, son oncle, voulut savoir quel était son caractère, et il l'entretint long-

temps pour cela sur toutes les choses qui pouvaient le lui faire connaître à fond. Le vicomte de
Turenne avait naturellement je ne sais quel embarras dans la langue, qui faisait que, lorsqu'il voulait
parler, il demeurait quelquefois un petit instant sur
la première syllabe de certains mots avant de les
achever ; mais tout ce qu'il disait était si sensé et
si juste, que cette petite difficulté qu'il avait à
s'énoncer n'empêcha point que le prince Maurice
ne conçût de lui une idée très-avantageuse. Il lui
fit aussitôt prendre un mousquet, et voulut qu'il
servît comme simple soldat avant de l'élever à aucun
grade.

Le vicomte de Turenne, qui ne respirait que les
fonctions du métier, n'en refusa et n'en dédaigna
aucune ; il ne trouva rien de bas pour lui, ni de
trop pénible. Le capitaine sous qui on le mit était
vassal du duc de Bouillon, son père, et le vicomte
de Turenne lui obéissait comme au moindre soldat
de la compagnie ; il ne se plaignait ni des incom-
modités du climat, ni des injures des saisons. Enfin
il fit paraître, dans tous les exercices, tant de fermeté et de patience, et une si grande application
au service, que le prince Maurice, charmé des
heureuses dispositions qu'il lui trouvait pour la
guerre, se proposait de prendre soin de les culti-
ver, et s'en faisait déjà un plaisir par avance, lorsque par malheur il vint à mourir.

Ainsi l'on peut dire que le vicomte de Turenne s'est formé lui-même, n'ayant plus servi depuis sous aucun capitaine de qui l'on puisse avoir lieu de croire qu'il ait rien appris de tout ce qu'il a exécuté de grand dans l'art militaire.

Après la mort du prince Maurice de Nassau, les Hollandais ayant remis le gouvernement général de leurs armées au prince Frédéric-Henri, son frère, ce prince donna au vicomte de Turenne une compagnie d'infanterie, à la tête de laquelle il servit au siége de Groël et de Bolduc, où il montra qu'il n'était pas moins bon officier que bon soldat. On ne voyait point, dans toute l'armée, de compagnie plus belle ni mieux disciplinée que la sienne. Tout jeune qu'il était, il ne s'en reposait point sur les soins d'un lieutenant; il faisait lui-même faire l'exercice aux soldats, il les dressait avec patience, il les formait avec bonté, il les corrigeait à propos, et sa bourse leur était ouverte dans tous leurs besoins. Il allait toujours le premier à la tranchée et aux attaques. Son gouverneur, qui était un ancien militaire, s'efforçait en vain d'empêcher qu'il ne s'exposât comme il faisait; hors de là, il le respectait comme son père; mais quand il s'agissait de donner l'exemple à ceux à la tête de qui il était, il n'avait égard qu'à ce que demandait son honneur.

Le prince Frédéric-Henri, son oncle, crut même devoir lui reprocher, comme une ardeur immodérée, ce courage qui ne connaissait point le péril, afin de lui donner quelques bornes ; mais il avait bien de la peine à dissimuler la joie qu'il ressentait d'être obligé à lui faire de tels reproches, dans le temps même qu'il les lui faisait. Un jour, après lui avoir fait une de ces sortes de réprimandes, il se tourna vers les officiers qui étaient présents, et leur dit qu'il se trompait fort ou que ce jeune homme effacerait la gloire des plus grands capitaines. Aussi n'y avait-il pas un seul soldat de sa compagnie qui n'eût eu honte de ne le pas suivre aux endroits même les plus périlleux et de n'y pas faire paraître de la bravoure à son exemple.

Les Français qui servaient avec lui en Hollande, et qui avaient été témoins de ses actions et de sa conduite, en avaient écrit plusieurs fois à la cour : ils en parlaient comme d'un prodige de sagesse, et il était déjà connu en France, lorsque les affaires de sa maison l'obligèrent à s'y rendre.

Avant de raconter ce qu'il fit pour le service de cette couronne, aux intérêts de laquelle il resta attaché pendant presque tout le reste de sa vie, il est à propos de faire connaître quelle était, dans ce temps-là, la disposition de la France, tant pour les affaires du dedans du royaume que par rapport aux états voisins, et de donner une idée du caractère de ceux qui avaient part au gouvernement.

Louis XIII, qui régnait alors, ayant reconnu le

génie supérieur du cardinal de Richelieu, l'avait fait son premier ministre et lui avait remis l'administration générale de toutes les affaires.

Le cardinal de Richelieu, se voyant maître de la puissance souveraine, résolut d'élever la France au plus haut point de grandeur. Il fallait pour cela abaisser la maison d'Autriche, qui, possédant l'empire d'Allemagne et la monarchie d'Espagne, se trouvait fort au-dessus de toutes les autres maisons de l'Europe ; et c'est aussi ce qu'il avait entrepris de faire. Mais comme l'autorité de Louis XIII n'était pas fort absolue dans son propre royaume, le cardinal de Richelieu n'avait pas osé d'abord faire déclarer ouvertement la France contre la maison d'Autriche. Il s'était contenté d'assister, comme alliés, les Suédois et les Hollandais, qui étaient en guerre contre l'empereur ; et, afin de pouvoir bientôt tourner toutes les forces de la France contre les Impériaux et contre les Espagnols, il appliquait tous ses soins à rendre le roi maître chez lui, de sorte qu'il n'eût plus rien à craindre du dedans du royaume lorsqu'il porterait la guerre au dehors ; car la puissance souveraine, partagée comme elle l'était alors, se trouvait réduite à bien peu de chose. La reine-mère, le duc d'Orléans, frère du roi, les princes du sang et les grands du royaume, voulaient tous avoir part au gouvernement. Les parlements prenaient connaissance des affaires de l'État ; les calvinistes avaient des chefs et des places de sûreté ; les mécontents entretenaient des liaisons avec les ducs de Lorraine et de Bouillon, qui, par le moyen de Nancy et de Sedan, places si voisines de la France, leur fournissaient, dans le besoin, des retraites faciles et assurées.

Le cardinal de Richelieu, avant que de rien entreprendre contre les étrangers, obligea la reine-mère à sortir du royaume, et les princes du sang à se contenter de leur apanage. Il sut imposer aux grands seigneurs, réduisit les parlements à ne plus se mêler d'autres affaires que de celles des particuliers ; il enleva aux calvinistes la Rochelle et leurs autres forteresses les plus considérables ; il envoya une armée dans la Lorraine, pour se rendre maître des principales places de ce duché ; et enfin il fit signer à la duchesse douairière de Bouillon, un traité par lequel elle promettait de demeurer toujours attachée aux intérêts du roi, qui, de son côté, s'engageait à prendre sa maison sous sa protection.

Telle était la situation des affaires de la France, lorsque la duchesse de Bouillon, ayant appris que le cardinal de Richelieu, non content du traité qu'il lui avait fait signer, avait dessein de lui demander qu'elle reçût garnison française dans Sedan, jugea à propos d'envoyer le vicomte de Turenne en France, afin qu'il y servît comme d'otage et de

caution des engagements qu'elle avait contractés avec
cette couronne, et qu'on ne lui fît pas de nouvelles
propositions au préjudice de la souveraineté du
duc de Bouillon, son fils aîné.

Le vicomte de Turenne, étant donc allé à la cour
de France, y fut reçu du roi et du cardinal de
Richelieu avec tous les honneurs et toutes les ca-
resses que lui devaient attirer sa naissance et son
mérite personnel. On lui donna un régiment d'infanterie, à la tête duquel il servit au siége de la
Mothe; car le cardinal de Richelieu ayant envoyé
ordre au maréchal de la Force d'assiéger cette ville,
qui était la seule place considérable qui restât au
duc de Lorraine, le régiment de Turenne fut du
nombre de ceux qu'on destina pour cette expédition.

La Mothe était une forteresse située sur le haut
d'un rocher fort élevé, et d'une dureté à l'épreuve
de la sape et de la mine. Lorsque le maréchal de
la Force eut avancé ses travaux d'une manière à
pouvoir attaquer un des bastions de la place, il
envoya le marquis de Tonneins, son fils, avec son
régiment, qui y fut si maltraité qu'il fut contraint
de venir se renfermer dans les lignes. Le lendemain, le vicomte de Turenne fut commandé avec
son régiment pour attaquer ce même bastion. Chacun avait les yeux tournés sur ce jeune colonel, et
sa réputation naissante rendait toute l'armée atten-

tive à l'événement de cette entreprise. Les assiégés faisaient non-seulement un très-grand feu, mais ils transportaient encore sur leurs remparts des pierres d'une grosseur prodigieuse ; ils les jetaient de dessus le parapet, et ces pierres, venant à donner sur les pointes du rocher en tombant, se fendaient en pièces et en éclats qui, volant de part et d'autre, tuaient ou estropiaient partout les assiégeants.

Malgré cela, le vicomte de Turenne s'avança d'un grand sang-froid vers la brèche : les soldats de son régiment, fiers de l'avoir à leur tête, ne furent arrêtés par aucun danger, quelque grand qu'il fût. Les assiégés, animés par l'avantage qu'ils avaient eu le jour précédent, firent les derniers efforts pour chasser le vicomte de Turenne, qui faisait tout ensemble le devoir de capitaine et celui de soldat, attaquant les ennemis avec vigueur, et donnant ses ordres avec beaucoup de présence d'esprit, au milieu des morts et des blessés que le canon, la mousqueterie et les pierres faisaient tomber à ses côtés. Aussi, malgré les efforts des ennemis, qui se battirent en désespérés, il les chassa du bastion, y fit son logement, et fut cause en partie de la prise de la ville. Il en reçut des compliments de toute l'armée, et ensuite de toute la cour, quand on y eut appris ce qu'il avait fait pour la prise de cette place ; car le maréchal de la Force lui rendit,

toute la justice qui lui était due dans la relation
qu'il envoya de ce siége au cardinal de Richelieu :
générosité rare dans ceux qui commandent des
armées, et qui toucha tellement le vicomte de Turenne, que, préférant l'alliance de ce maréchal à
tout autre, il épousa sa petite-fille, comme nous
le verrons dans la suite de cette histoire. Il semble
que le marquis de Tonneins aurait dû être fort
piqué d'avoir échoué dans une entreprise où le
vicomte de Turenne avait si heureusement réussi ;
et il l'aurait peut-être été s'il avait eu affaire à un
concurrent qui en eût tiré vanité ; mais la modestie
du vicomte de Turenne était telle, que le marquis
de Tonneins ne put lui envier l'honneur d'un succès
si glorieux.

Le cardinal de Richelieu, regardant le vicomte
de Turenne comme un homme dont l'expérience et
le jugement devançaient beaucoup l'âge, le fit maréchal de camp, quoiqu'il n'eût que vingt-trois ans,
et que le grade de maréchal de camp fût alors le
premier après celui de maréchal de France.

L'année suivante, l'empereur, ayant fait assiéger
la ville de Mayence, dont les Suédois s'étaient rendus maîtres en 1631, sous la conduite du grand
Gustave, le cardinal de Richelieu envoya au secours
des Suédois le cardinal de la Valette à la tête
d'une armée, et il lui donna pour maréchal de
camp le vicomte de Turenne. A l'approche des

Français, les Impériaux levèrent le siége. Le cardinal de la Valette s'approcha aussitôt de Mayence et y jeta toutes les munitions dont cette grande ville avait besoin : imprudence que les Impériaux avaient bien jugé qu'il ne manquerait pas de commettre. Aussi ne se fut-il pas plus tôt défait de ses vivres, que les généraux de l'empereur, qui s'étaient rendus maîtres des passages par où il en pouvait faire venir, empêchèrent de telle sorte qu'on n'en apportât dans son camp, qu'on y manqua bientôt de tout. Le pain y enchérissait de jour en jour et devint enfin si rare qu'il se vendait jusqu'à un écu la livre.

Dans cette extrémité, le vicomte de Turenne distribua aux soldats les provisions qu'il avait fait apporter pour lui et qui furent bientôt consommées. Il vendit ensuite ses équipages pour faire subsister une partie de l'armée; la plupart des soldats ennemis s'exposait à tout pour nous apporter des vivres, à cause du prix excessif qu'on leur en payait. Mais enfin la disette devint si grande, que l'armée aurait péri si on l'avait laissée là plus longtemps. Il fallut songer à la retraite, qui fut des plus tristes et des plus meurtrières.

Durant cette longue marche, qui dura treize jours, le vicomte de Turenne partagea avec les soldats le peu de vivres qu'il pouvait trouver; il fit jeter de dessus les chariots les choses les moins nécessaires, et y fit monter quantité de malheureux, qui n'avaient pas la force de marcher : en ayant trouvé un que la faim et la fatigue avaient fait tomber au pied d'un arbre où, résolu d'abandonner sa vie à la merci des ennemis, il attendait la mort, il lui donna son propre cheval, et marcha à pied jusqu'à ce qu'il eût joint un de ses chariots, sur lequel il le fit mettre. Il consolait les uns, il encourageait les autres ; ils les aidait et les assistait, sans faire différence de ceux de son régiment d'avec ceux qui n'en étaient pas : si bien que tous les soldats commencèrent dès lors à le regarder comme leur père ; car il compatissait à leurs peines, et il les soulageait tous également. D'ailleurs, il combattit avec beaucoup de valeur dans tous les endroits où l'on fut obligé de faire tête aux Impériaux ; il se saisit des défilés où l'on pouvait les arrêter, et des hauteurs d'où ils nous auraient fort incommodés s'ils les avaient occupées avant nous ; il logea, dans quelques masures qui se trouvèrent sur le chemin, de l'infanterie dont le feu arrêta les ennemis en plusieurs endroits ; enfin, il prit des mesures si sages, et il agit avec tant de vigueur, que ce qu'il fit dans cette retraite fut regardé comme un des plus grands services qui pussent être rendus à l'Etat.

Le cardinal de Richelieu voulut qu'on réparât le désastre de cette retraite par la prise de Saverne,

ville d'Alsace, alors entre les mains des Impériaux.
Le vicomte de Turenne se surpassa lui-même à
ce siége, soit qu'il fallût aller à la tranchée ou
aux assauts qui furent donnés à la ville et au château. Les soldats n'ayant pu arracher les palissades,
il sauta pardessus, et tint ferme, lui seul au delà,
jusqu'à ce que ceux qu'il commandait fussent passés
avec lui ; il força les retranchements que les ennemis avaient faits sur la brèche et dans le terre-plein
du bastion : tout fut pris et emporté. Le cardinal
de la Valette recouvra par là son honneur ; mais il
en pensa coûter un bras au vicomte de Turenne,
atteint d'un coup de mousquet, dont la balle lui fit
une si dangereuse blessure que quelques médecins
furent d'avis qu'on ne pouvait lui sauver la vie qu'en
lui coupant le bras. On suivit néanmoins le sentiment de ceux qui n'opinèrent pas pour l'amputation ;
il guérit avec le temps, et l'on connut, par les
alarmes que causa sa blessure, et par la joie que
répandit partout sa guérison, combien il était géné-
ralement aimé et estimé.

Quelque temps après la reddition de Saverne,
Galas, ayant passé le Rhin, à dessein de prendre
des quartiers d'hiver en Franche-Comté, avait fait
avancer ses troupes pour se saisir des postes les
plus commodes et les plus avantageux de cette
province. Le cardinal de la Valette, en ayant été
averti, envoya le vicomte de Turenne avec un déta-

chement au-devant des ennemis. Celui-ci marcha
jour et nuit, et, étant arrivé à Jussey, l'un des plus
gros bourgs de la Franche-Comté, où les troupes
de Galas commençaient à faire des retranchements,
il les attaqua, il les défit, et força Galas à rebrousser chemin.

Ces heureux succès déterminèrent le cardinal de
Richelieu à donner au cardinal de la Valette le
commandement de l'armée qui devait agir en Flandre.
Le cardinal de la Valette voulut encore avoir le
vicomte de Turenne avec lui; et, lui ayant fait
ouvrir la campagne par l'attaque du château d'Hir-
son, qui fit très-peu de résistance, il alla investir
Landrecies, ville du Hainaut, au siége de laquelle
le vicomte de Turenne se donna des peines incroya-
bles pour empêcher le mauvais succès de cette
entreprise; car le temps devint si mauvais, et la
pluie tomba en si grande abondance, que les soldats
étaient jusqu'à la ceinture dans l'eau, dont la tranchée était toute remplie. Le vicomte de Turenne y
était entré avec eux, et n'en sortait que pour aller
rendre compte au cardinal de ce qui s'y passait.
Il les encourageait au travail et à la patience, sans
leur faire de longs discours, mais en leur montrant
l'exemple et en y joignant la libéralité. Il donnait
de l'argent à ceux des soldats qui avaient le plus
d'expérience, pour les engager à venir dans la tranchée, même hors de leur rang. Il surmonta ainsi

tous les obstacles que l'art, la nature et les efforts des ennemis opposaient comme de concert aux assiégeants, et la place se rendit enfin.

La prise de Landrecies fut suivie de celle des villes de Maubeuge et de Beaumont, d'où le vicomte de Turenne eut ordre d'aller prendre Solre, qui était le château le plus fort de tout le Hainaut; on lui donna les régiments de Champagne et de Saint-Luc pour cette expédition. Il y avait deux mille hommes de garnison dans ce château; mais le vicomte de Turenne les fit attaquer si vivement qu'en très-peu d'heures ils furent forcés de se rendre à discrétion. Les soldats entrèrent aussitôt dans la place, et y ayant trouvé une femme d'une très-grande beauté, ils la lui amenèrent comme la plus précieuse portion du butin. Le vicomte de Turenne sut se retenir sur le bord d'un précipice si dangereux. Sans faire parade de l'empire qu'il avait sur lui-même, il fait semblant de ne pas pénétrer le dessein de ses soldats, et comme si, en lui amenant cette femme, ils n'avaient pensé qu'à la dérober à la brutalité de leurs camarades, il les loue beaucoup d'une conduite si sage; il fait chercher son mari en diligence, et la remet entre ses mains en lui témoignant que c'était à la retenue et à la discrétion de ses soldats qu'il devait la conservation de l'honneur de sa femme.

Les ennemis se portèrent ensuite en deçà de

Maubeuge pour empêcher la jonction des armées
du cardinal de la Valette et du duc de Cancale ;
mais n'en ayant pu venir à bout, ils furent contraints
de s'en retourner ; et le vicomte de Turenne, ayant
eu ordre de les poursuivre avec un détachement, en
força une partie à repasser la Sambre, où il y en
eut beaucoup de noyés. Il en fit passer au fil de
l'épée un grand nombre dans tout le reste de la
retraite, et finit par là cette campagne.

L'année suivante, le cardinal de Richelieu envoya
Turenne au duc de Weimar pour aider ce général
dans ses opérations sur le Rhin et dans le siége de
Brissac.

A la première nouvelle de cette entreprise, Gœutz
et Savelli ; généraux de l'armée impériale, ayant
ramassé toutes les troupes, se mirent en marche
pour tâcher de jeter un secours d'hommes et de
munitions dans Brissac avant que les avenues de
cette ville lui fussent entièrement fermées. Le duc
de Weimar alla au-devant d'eux et les força d'accepter le combat. Le duc de Savelli y fut blessé
très-dangereusement, Gœutz prit la fuite, et les
Impériaux furent si entièrement défaits, que le
duc de Weimar, estimant qu'il leur était impossible
de traverser son entreprise sur Brissac, commença
à en faire le siége dans les formes. Mais à peine
les lignes en furent-elles achevées, que le duc de
Lorraine, qui était dans les intérêts de l'empereur,

se mit en marche avec un corps de troupes, dans le dessein de faire lever le siége. Le duc de Weimar prit aussitôt une partie de l'armée ; et, laissant l'autre devant Brissac, sous la conduite du comte de Guébriant et du vicomte de Turenne, il alla au-devant des ennemis, et sa victoire sur les Lorrains fut aussi complète que celle qu'il avait remportée sur les Allemands.

Cependant Gœutz et le général Lamboy, qui avait remplacé Savelli, ayant encore ramassé quelques troupes, vinrent à Brissac par des chemins si couverts qu'ils arrivèrent au quartier du duc de Weimar avant qu'on se fût aperçu de leur marche. Ils reconnurent nos lignes ; ils les attaquèrent avec vigueur ; ils emportèrent deux redoutes qui les défendaient de ce côté-là, et tout pliait déjà devant eux, lorsque le comte de Guébriant et le vicomte de Turenne, avertis du danger où nous étions, accoururent au quartier du duc de Weimar, où ils soutinrent d'abord les efforts des Impériaux : ils les poussèrent ensuite avec vigueur ; ils leur firent lâcher pied, et les chassèrent entièrement de nos lignes.

Les ennemis passèrent le Rhin, et vinrent assiéger Ensisheim, petite ville qui est dans le voisinage de Brissac, et dont ils auraient pu nous incommoder s'ils s'en fussent rendus les maîtres. Mais le vicomte de Turenne, y étant allé avec une partie

de notre armée, leur en fit lever le siége ; les attaqua jusque dans le camp où ils s'étaient retirés, et
en taille en pièces un si grand nombre qu'il les mit
hors d'état de penser désormais à tenter le secours
de Brissac.

De tous les dehors de cette place, il ne restait
plus à prendre que le fort nommé le Revelin de
Raynach, qui, rendant les ennemis maîtres du
principal bras du Rhin, leur laissait toujours l'espérance d'être secourus par cet endroit et les empêchait de se rendre. Le duc de Weimar, qui avait
vu le vicomte de Turenne réussir si heureusement
dans tout ce qu'il avait entrepris durant ce siége,
le chargea encore de l'attaque de ce fort. Le vicomte
de Turenne y alla avec quatre cents hommes. Il
fit rompre la palissade à coups de hâche ; ses
gens y entrèrent par trois endroits à la fois ; et le
gouverneur de la ville, ne pouvant plus compter
sur aucun secours, capitula enfin et se rendit le
17 décembre.

Après la reddition de la place, le duc de Weimar,
écrivant au cardinal de Richelieu, présenta Turenne
comme un homme qui égalerait bientôt les plus
grands capitaines ; de sorte que, lorsque le vicomte
de Turenne arriva à la cour, il reçut le plus bien-
veillant accueil.

Le cardinal l'envoya ensuite en Italie, où les
affaires n'étaient pas aussi brillantes. Le comte

d'Harcourt venait d'être mis à la tête de l'armée, et à son arrivée on décida que, quoique les ennemis eussent deux fois autant de monde, on irait les chercher quelque part qu'ils fussent. Les ennemis, qui auraient peut-être fait la moitié du chemin si nous avions eu autant de monde qu'eux, étonnés de ce que nous venions les attaquer avec une armée si inférieure à la leur, non seulement n'osèrent sortir de leurs quartiers, mais encore s'y retranchèrent; de sorte qu'il fallut assiéger Quiers, ville en deça de Villeneuve d'Asti, pour les obliger à sortir de leurs retranchements.

Le vicomte de Turenne se posta avec toute la cavalerie, au delà de Quiers, entre les Espagnols et le comte d'Harcourt, qui prit ainsi la ville sans aucun obstacle. Mais comme il y avait très-peu de vivres, il n'y put pas rester longtemps; et les ennemis ayant bien prévu qu'il serait obligé de marcher vers Carignan pour en trouver, le marquis de Léganez, à la tête des Espagnols, alla vers la hauteur de Poirin, au bas de laquelle notre armée ne pouvait s'empêcher de passer, et le prince Thomas marcha vers la petite rivière de Santana, qu'il nous fallait aussi nécessairement traverser.

Comme le marquis de Léganez venait de Villeneuve d'Asti, et le prince Thomas de Turin, l'armée de l'un devait se trouver à la droite du comte d'Harcourt, et celle de l'autre à sa gauche; de

manière qu'ils ne pouvaient aller à Carignan sans
s'exposer à prêter le flanc à ces deux corps de
troupes, qui, selon toutes les apparences, ne devaient pas manquer à profiter de ces avantages et
à donner rudement sur son arrière-garde. Cependant il n'y avait plus ni munitions ni fourrages à
Quiers, et il fallait tenter la retraite à quelque prix
que ce fût. Dans cette extrémité, le vicomte de
Turenne, tout malade qu'il était encore, s'offrit à
aller avec deux mille hommes se rendre maître du
pont sur lequel il fallait passer la rivière et qui était
auprès du village nommé *la Route*, s'engageant à
défendre si bien ce poste que les ennemis ne pourraient empêcher le passage de l'armée.

Le comte d'Harcourt, ravi de cette offre, lui
donna les deux mille hommes qu'il demandait. Le
vicomte de Turenne marcha avec tant de diligence
qu'il prévint le prince Thomas, et, étant arrivé
avant lui au pont, il s'en saisit, ainsi que de tous
les postes des environs d'où l'on pouvait favoriser
le passage de notre armée. Le prince Thomas sur-
vint peu de temps après avec neuf à dix mille
hommes, et fondit sur le vicomte de Turenne, qui,
après avoir soutenu le premier choc des ennemis,
les fit charger à son tour avec tant de vigueur
qu'il rompit leurs trois lignes et les mena battant
l'espace de plus d'un mille. Le prince Thomas fut
renversé deux fois dans un fossé; et il aurait in-

failliblement été pris, sans l'obscurité de la nuit,
qui fit qu'on ne pût le reconnaître, et que, malgré
une déroute si générale, la plus grande partie de
son armée se sauva par la fuite.

Pendant que le vicomte de Turenne était aux
mains avec le prince Thomas, le marquis de Léganez
était descendu du Poirin, et était venu avec ses
Espagnols attaquer le comte d'Harcourt, qui de son
côté avait aussi battu les ennemis : mais, comme
ils ne laissaient pas de l'inquiéter encore, il n'osait
s'avancer plus près de la rivière, craignant que le
prince Thomas ne se fût rendu maître des passages.
Le vicomte de Turenne lui envoya dire alors qu'il
n'avait rien à craindre, qu'il pouvait faire avancer
l'armée en assurance, qu'il se chargeait de faire
l'arrière-garde, et qu'il lui répondait de tout. Le
comte d'Harcourt s'avança sur sa parole ; tout défila
devant le comte de Turenne, troupes, canons, bagages, et cela au petit pas et sans aucun désordre.
Il passa le dernier, et ayant mis pied à terre, il aida
lui-même à rompre le pont ; après quoi le comte
d'Harcourt alla sans peine à Carignan, où il mit une
partie de l'armée, et le reste aux environs. Tel fut
le combat de la Route, si célèbre sous le nom de la
Route de Quiers.

On donne presque tout l'honneur de cette victoire
au vicomte de Turenne, qui, en effet, seconda si
bien le comte d'Harcourt en cette occasion, que le

cardinal de Richelieu le regarda dès lors comme un homme capable de commander une armée en chef; et l'éclat de cette action fut si grand que, comme s'il eût fait oublier toutes celles que le vicomte de Turenne avait faites jusque-là, on commença à ne plus compter ses exploits que de la Route de Quiers, époque qui est restée depuis dans la mémoire de tous les Français.

La campagne étant ainsi finie, le comte d'Harcourt s'en alla à Pignerol pour y passer l'hiver. Il laissa le vicomte de Turenne à la tête de nos quartiers pour les défendre, et il le chargea de ne laisser manquer de rien la citadelle de Turin, que le comte de Couvonges défendait toujours contre le prince Thomas, qui la tenait assiégée de l'intérieur de la ville, dont il était le maître.

Le vicomte de Turenne, trouvant que nos troupes étaient trop serrées dans les endroits où elles s'étaient logées, et que la cavalerie manquait de fourrages, commença par assiéger les villes de Busca et de Dronero, qu'il prit en six jours, et notre armée eut de quoi s'étendre et subsister à son aise. Il fit ensuite entrer dans la citadelle de Turin les munitions de guerre et de bouche nécessaires, malgré tout ce que le prince Thomas put faire pour l'empêcher.

Peu de temps après, ayant su que ce prince avait envoyé un corps de cavalerie assez près de là pour y hiverner, il alla l'investir, et il l'enleva. Au commencement du printemps, le comte d'Harcourt, ayant appris que le marquis de Léganez, à la tête de vingt mille hommes, avait assiégé Casal, que nous défendions pour le jeune duc de Mantoue, notre allié, il manda au vicomte de Turenne de le venir trouver à Pignerol, pour délibérer sur ce qu'ils devaient faire en cette rencontre. Le vicomte de Turenne détermina bientôt le comte d'Harcourt, en lui disant que Casal nous était d'une telle importance qu'il fallait promptement assembler le peu de troupes que nous avions, et y marcher sans perdre un moment de temps; et qu'avant qu'on fût à moitié chemin, on recevrait immanquablement ordre de la cour de tout hasarder pour secourir cette place: ce qui arriva comme il l'avait dit. Nous n'avions que dix mille hommes: néanmoins le comte d'Harcourt marcha aux ennemis avec son intrépidité ordinaire; et, après avoir reconnu leurs lignes, il les fit attaquer par le comte du Plessis-Praslin, qui fut repoussé par trois fois; mais le vicomte de Turenne, y ayant marché de sa personne, les força et renversa tout ce qui se présenta devant lui. Les Allemands lâchèrent pied aussi bien que les Espagnols, et prirent la fuite à droite ou à gauche, les uns vers le pont de Sture, les autres vers Frascinal, où ils avaient un pont sur le Pô.

Le vicomte de Turenne les poursuivit tant que

le jour dura. On leur prit douze pièces de canon, six mortiers, vingt-quatre drapeaux, toutes leurs munitions, la plus grande partie de leurs bagages, et les papiers mêmes du marquis de Léganez, qui fut obligé de se sauver avec tant de précipitation qu'il n'eut pas le temps de les emporter. On leur tua trois mille hommes; on en fit dix-huit cents prisonniers, il s'en noya un grand nombre dans le Pô, et la nuit sauva le reste.

Comme nos troupes étaient fort animées par ce succès, le comte d'Harcourt crut qu'il devait profiter de leur ardeur; et ayant assemblé le conseil de guerre pour y résoudre quelque entreprise, le vicomte de Turenne y proposa le siége de Turin. Les autres officiers généraux s'opposèrent à ce dessein, soutenant qu'il y aurait de la témérité à entreprendre d'assiéger, avec dix mille hommes, une ville où il y avait une garnison de douze mille soldats sans les bourgeois, et qui pouvait être secourue par une armée de quinze mille hommes, comme était encore celle du marquis de Léganez. Mais le vicomte de Turenne ayant persisté dans son avis, et ayant représenté que les affaires du roi seraient absolument perdues en Piémont si le prince Thomas se rendait une fois maître de la citadelle de Turin, dont on ne pouvait empêcher la prise qu'en assiégeant la ville, le comte d'Harcourt se déclara pour le sentiment du vicomte de Turenne.

Le siége de Turin ayant été ainsi résolu, on y
marcha aussitôt. On se saisit du pont qui est sur le
Pô, du couvent des Capucins qui est sur une hauteur, à la droite de ce fleuve ; du Valentin, maison
de plaisance des ducs de Savoie, qui est à la gauche,
et de tous les autres postes avantageux qui sont aux
environs. On renversa à coups de canons les mou-
lins de la ville qui étaient sur la rivière nommée *la
Petite Noire*. On fit des lignes de circonvallation et
de contrevallation, et l'on serra la place autant qu'on
le pouvait, dans l'espérance qu'en n'y laissant rien
entrer, on l'affamerait en peu de temps.

Le marquis de Léganez, regardant cette entreprise du comte d'Harcourt comme une occasion
favorable que la fortune lui présentait pour se venger
de l'affront qu'il venait de recevoir devant Casal,
manda au prince Thomas qu'il allait marcher à son
secours ; que, pour cette fois, le comte d'Harcourt
ne lui échapperait pas, et que les dames de Turin
pouvaient louer d'avance des fenêtres sur la grande
rue pour le voir passer prisonnier. Il grossit son
armée des garnisons de la plupart des places du
Milanais, et vint avec dix-huit mille hommes sur la
montagne qui est au dessus des Capucins, au delà
du Pô, à dessein de passer ce fleuve sur le pont de
Turin ; mais il trouva ce pont si bien gardé qu'il
n'osa l'attaquer. Il décampa aussitôt ; et, comme il
prit son chemin par derrière les montagnes de Sanvitto

et de Coyoretto, qui bordent le Pô, le comte d'Harcourt se douta qu'il voulait aller passer ce fleuve à
Montcalier, au dessous de Turin; il y envoya le
vicomte de Turenne avec un détachement pour s'opposer à son passage.

Quelque diligence que pût faire le vicomte de
Turenne, lorsqu'il arriva à Montcalier, quatre à
cinq mille des ennemis avaient déjà passé le Pô et
commençaient à se retrancher dans les cassines qui
étaient en deçà de ce fleuve. Il marche à eux, sans
perdre un moment. Ses soldats font difficulté de
passer un ruisseau que les pluies de la nuit avaient
fait déborder, il le passe le premier; il attaque les
cassines, que les ennemis avaient déjà percées pour
s'y défendre; il les en chasse; il les taille en pièces
en les poussant vers le Pô, où tous ceux qui lui
échappent se noient; il brûle le pont, qui n'était que
de bois, et se retranche sur le bord du fleuve, vis
à vis des ennemis. Cette action, ainsi exécutée, fit
une telle impression sur l'esprit du marquis de Léganez, qu'il se retira vers le Rivigliasco, sous prétexte d'aller chercher un renfort de troupes, et laissa
son armée sous la conduite de Carlo della Gatta, le
plus brave et le plus entendu de ses officiers, qui
lui promit qu'il la ferait passer de quelque manière
que ce fût.

Le vicomte de Turenne, ayant affaire à un homme
qui avait la réputation d'être le plus vigilant des

ennemis, fit garder jour et nuit tous les gués qui étaient au dessus de Montcalier ; de sorte que Carlo della Gatta n'osa ni les passer en sa présence ni jeter des ponts en aucun endroit. Tout ce qu'il put faire fut de s'emparer de quelques petites îles plus proches du bord du Pô.

Le vicomte de Turenne trouva moyen d'y passer avant que les ennemis y eussent achevé leurs retranchements : il les en délogea, et tous ceux qui y étaient furent encore ou taillés en pièces ou noyés dans le Pô. Malheureusement, il y reçut un coup de mousquet à l'épaule, et fut obligé de se faire porter à Pignerol. Dès que le marquis de Léganez l'eut appris, il revint aussitôt à Montcalier ; il y jeta un pont sur le Pô, passa ce fleuve, malgré tous nos efforts, alla resserrer le comte d'Harcourt dans son camp. Et peut-être n'y eut-il jamais une pareille disposition d'armée, où les troupes des deux partis, également assiégeantes et assiégées, s'environnaient les unes les autres, et étaient de même tellement environnées que le prince Thomas, qui assiégeait le comte de Convongés dans la citadelle, se voyait assiégé dans la ville par le comte d'Harcourt, que le marquis de Léganez tenait pareillement assiégé dans son camp.

En cette situation, le marquis de Léganez était convenu d'attaquer nos lignes pendant que le prince Thomas ferait une sortie. Au jour fixé, le comte

d'Harcourt fut vigoureusement attaqué tout à la fois
du côté de la ville et du côté de la campagne. Le
prince Thomas se rendit maître du Valentin : et
Carlo della Gatta, ayant comblé nos lignes au quartier du marquis de la Mothe-Houdancourt qu'il
força, entra dans Turin avec douze cents chevaux
et mille hommes de pied. Après quoi le marquis de
Léganez empêcha qu'il ne nous vînt des vivres ni
de Suze ni de Pignerol, et nous affama tellement
dans notre camp que tous les officiers généraux
voulaient obliger le comte d'Harcourt à se retirer de
devant Turin, lorsque le vicomte de Turenne, se
trouvant guéri de sa blessure, amena de Pignerol
à notre armée un grand convoi de vivres et de
munitions, malgré ce que put faire le marquis de
Léganez, qui le suivit dans toute sa route, volti-
geant sur les ailes de son escorte pour l'enlever,
et lui dressant toutes sortes d'embûches pour le
surprendre.

L'arrivée de ce secours pensa désespérer le prince
Thomas, qui était réduit dans Turin à une aussi
grande disette de vivres que nous. Carlo della Gatta
entreprit de soulager la ville, en faisant passer une
partie de la garnison dans l'armée du marquis de
Léganez, et crut en sortir comme il y était entré.
Mais depuis que le vicomte de Turenne était revenu
dans notre camp, les choses changèrent de face.
Carlo della Gatta, ayant voulu sortir de Turin, y

fut ramené tambour battant, et repoussé l'épée dans les reins. Les assiégés firent plusieurs sorties, où ils perdirent beaucoup de monde. Le marquis de Léganez tenta toutes choses pour forcer nos lignes et jeter des vivres dans la place; mais ce fut toujours sans succès. Le prince Thomas, n'ayant pas mieux réussi dans une nouvelle sortie, où les assiégés firent tous les efforts dont ils étaient capables, se voyant réduits à la dernière extrémité, demanda enfin à capituler et se rendit. Le marquis de Léganez abandonna la partie et repassa le Pô avec son armée; et le comte d'Harcourt, s'en retournant en France, laissa la sienne sous le commandement du vicomte de Turenne par ordre de la cour.

Comme nos troupes avaient extrêmement souffert au siége de Turin, le vicomte de Turenne leur donna tout le temps dont elles avaient besoin pour se rétablir; mais dès qu'elles furent en état d'agir, quoique l'hiver ne fût pas encore fini, il les fit marcher à Moncalvo; il assiégea cette place et s'en rendit maître en dix jours. Après la prise de Moncalvo, il passa le Pô, il alla mettre le siége devant Ivrée, où étaient tous les magasins du prince Thomas; ne doutant point que ce prince ne vînt en grande diligence pour y jeter du secours, il ne descendit point de cheval qu'il n'eût fait achever ses lignes et qu'il n'eût assuré ses quartiers.

Le prince Thomas ne manqua pas d'accourir à

Ivrée, persuadé que le vicomte de Turenne n'aurait
pas eu le temps de pourvoir à la sûreté de son camp ;
mais il le trouva si bien retranché qu'il n'osa l'attaquer ; et, se flattant de lui donner le change, il
alla mettre le siége devant Chivas pour lui faire abandonner celui d'Ivrée.

Chivas, où nous avions un pont sur le Pô, ne
nous était pas une place moins importante qu'Ivrée.
Mais le vicomte de Turenne, espérant d'être toujours assez à temps de secourir Chivas, n'abandonna
point le siége d'Ivrée, et se contenta d'en presser
vivement les travaux. Cependant le comte d'Harcourt, ayant appris que le vicomte de Turenne avait
en si peu de jours pris Moncalvo et qu'il avait
même assiégé Ivrée, fut piqué d'émulation jusqu'au
milieu des délices de la cour. Il partit pour se rendre
à Ivrée ; et à son arrivée, ayant fait donner un
assaut à la place, il leva ce siége, disant qu'il fallait
tout abandonner pour secourir Chivas.

Le prince Thomas, qui n'avait point eu d'autre
dessein que de nous faire lever ce siége, leva aussi
celui de Chivas, avant que nous y fussions arrivés,
et se retira au-delà du Pô avec son armée. Il semble
que le comte d'Harcourt aurait dû, après cela, revenir assiéger Ivrée ; cependant, abandonnant toutes
les vues que le vicomte de Turenne avait eues en
assiégeant cette place, il passa le Pô, et alla prendre
les villes de Ceva, de Mondovi et de Coni.

Quoique le vicomte de Turenne n'eût pas lieu d'être content du comte d'Harcourt, il travailla néanmoins de si bonne foi pour la gloire de ce général au siége de ces trois places, que toute l'armée en fut dans la dernière surprise. Ce procédé augmenta l'estime que le cardinal de Richelieu avait pour le vicomte de Turenne, et la confiance qu'il avait en lui alla jusqu'à un tel point, qu'il n'y avait aucune entreprise si difficile dont il ne tînt le succès assuré, dès que ce prince y avait quelque part. Aussi, ayant formé le dessein de conquérir le Roussillon, pour pénétrer dans la Catalogne, dont les habitants s'offraient à la France, et ayant même engagé le roi à y aller en personne, il y fit aussi venir le vicomte de Turenne, quelque nécessaire qu'il fût en Italie.

Sitôt que l'armée qui devait agir en Roussillon fut assemblée, on marcha à Perpignan, qui en est la capitale, dans le dessein d'assiéger cette place; mais comme les Espagnols pouvaient la secourir par Collioure, où il leur était aisé d'aborder avec leurs vaisseaux, on se contenta de bloquer Perpignan, et on alla assiéger Collioure.

Le gouverneur avait fait faire quantité de forts et de redoutes tout autour de la ville : on les prit tous l'un après l'autre, l'épée à la main, et la ville fut contrainte de se rendre. On assiégea ensuite Perpignan; le siége dura plus longtemps, mais enfin le gouverneur fut obligé de capituler. On se rendit maître, après cela, de la forteresse de Salces ; et des autres places fortes sans beaucoup de peines ; et la conquête de toute la province fut faite en une seule campagne.

Ce fut dans ce temps-là que le duc de Bouillon, frère du vicomte de Turenne, s'étant trouvé impliqué dans un traité que le duc d'Orléans avait fait avec l'Espagne, et ayant été arrêté à la tête de notre armée d'Italie qu'il commandait, fut obligé, pour sauver sa vie, de livrer Sedan au roi, qui s'engagea à lui donner en échange plusieurs grandes terres, et à conserver le rang de prince à tous ceux de sa maison.

La possession de cette importante place, qui est demeurée depuis unie à la couronne, fut le dernier des avantages que le cardinal de Richelieu procura à la France ; et ce grand ministre mourut peu de temps après, craint, envié et admiré de presque tout le monde.

Le cardinal Mazarin succéda au cardinal de Richelieu auprès de Louis XIII ; mais il n'y fut pas longtemps, car ce prince mourut cinq mois après, et laissa la reine Anne d'Autriche, sa femme, régente du royaume, durant la minorité de Louis XIV, son fils, qui n'avait que quatre ans et demi.

Cependant le vicomte de Turenne, qui était presque le seul qui se fût intéressé pour le duc de Bouillon durant sa détention, s'était donné tous les mouvements qu'il est naturel de se donner en pareil cas pour un frère, mais sans manquer en rien de ce qu'il devait à l'État. Il s'était comporté d'une manière si sage, pendant tout le cours de cette affaire, que sa conduite redoubla l'estime qu'on avait pour lui à la cour, et qu'on l'envoya servir dans notre armée d'Italie.

On venait de donner le commandement de cette armée au prince Thomas, qui avait abandonné le parti des Espagnols pour se joindre à nous; mais comme on ne comptait pas beaucoup sur son attachement à nos intérêts, on voulut envoyer près de lui un homme de la fidélité duquel on fût entièrement assuré; et ce fut le vicomte de Turenne qu'on choisit pour un poste d'une aussi grande confiance.

Sitôt qu'il fut arrivé à l'armée, le prince Thomas marcha vers Alexandrie, ville du Milanais, qu'il fit investir de manière que les quartiers étant assez éloignés les uns des autres, les ennemis pouvaient facilement jeter du secours dans la place par les intervalles qui se trouvaient entre ces quartiers. C'est aussi ce que ne manquèrent pas de faire les Espagnols, qui tirèrent pour cela presque moitié de la garnison de Turin. Alors le prince Thomas, qui n'avait feint de vouloir assiéger Alexandrie que pour engager les Espagnols à dégarnir Turin, alla mettre le siége devant cette ville dans toutes les formes. On attaqua les dehors avec beaucoup de vigueur, et ils furent bientôt emportés. Les Espagnols vinrent reconnaître nos quartiers pour tâcher de faire entrer dans la place les troupes qu'ils en avaient tirées; et, n'y ayant pu réussir, ils feignirent d'en vouloir à Ast, et allèrent investir cette place; comme nous l'avions pourvue de tout ce qui était nécessaire pour soutenir un long siége, nous continuâmes celui de Turin sans rien craindre; nous nous en rendîmes enfin les maîtres; et le vicomte de Turenne se préparait à marcher à de nouvelles conquêtes.

Mais la reine régente, sachant ce qu'un homme tel que lui pouvait pour la défense d'un état, lui envoya le bâton de maréchal de France et lui donna le commandement de notre armée d'Allemagne, quoiqu'il n'eût encore que trente-deux ans, dans la vue de l'attacher entièrement à son fils, et d'en faire un appui de sa couronne contre les entreprises où son royaume ne pouvait manquer d'être exposé, par les cabales et les factions qui sont inséparables d'une minorité.

LIVRE DEUXIÈME

Turenne tient tête au général Mercy, et avec le duc d'Enghien, se rend maître de plusieurs provinces et de tout le cours du Rhin, depuis Strasbourg jusqu'à Coblentz. — Il délivre Baccarach et s'empare de cinq places importantes. — Combat acharné près de Mariandal. — Défection du général Konigsmark. — Bataille de Norlinghem; mort du général Mercy. — Turenne rétablit l'électeur de Trèves. — Jonction de l'armée suédoise à la nôtre. — Les Français enlèvent un grand nombre de places fortes à la Bavière. — Traité de Munster.

Le maréchal de Guébriant, qui, après la mort du duc de Weimar, avait été mis à la tête de son armée, venait de mourir de la blessure qu'il avait reçue au siége de Rotweil, ville impériale, située à la source de Necker. Le comte de Rantzaw, qui était le plus ancien officier de l'armée, en avait pris le commandement, et l'avait menée aux environs de Dutlinghen, ville peu éloignée de la source du Danube, où le baron de Mercy, général des troupes du duc de Bavière, qui s'était ligué avec l'empereur contre nous, l'enleva avec tous ses officiers-généraux et toutes ses troupes, à la réserve de cinq à six mille hommes, qui se sauvèrent en deçà du Rhin, sans chef, sans argent et sans armes. C'est à quoi se trouvait réduite cette armée, qui avait été la terreur de l'empire sous le duc de Weimar; et ce

fut avec ce débris de troupes, sans autres forces,
qu'on chargea le vicomte de Turenne de défendre
la France, du côté de l'Allemagne, contre les efforts
des armées de l'empereur, du duc de Bavière et du
duc de Lorraine, que les ennemis avaient réunies
dans l'espérance de profiter du triste état où l'affaire
de Dutlinghen nous avait réduits. Pour surcroît de
malheur, Torstenson, général de l'armée suédoise,
qui jusque-là avait agi de concert avec la nôtre
contre les Impériaux, s'en alla dans le Holstein, sans
même nous donner avis de son départ.

Tel était l'état de nos affaires en Allemagne lorsque le vicomte de Turenne y arriva. Il commença
par emprunter sur son crédit une somme considérable d'argent pour subvenir aux besoins des
troupes ; et pendant que presque tous les grands du
royaume survendaient à la reine régente les moindres services qu'ils rendaient à la couronne, il fit
remonter la cavalerie et rhabiller l'infanterie à ses
propres dépens ; il acheta de nouveaux équipages
d'artillerie, et les recrues de chaque régiment ayant
été faites, il trouva, par la revue qu'il en fit, que
ce petit corps de troupes était de six à sept mille
hommes.

Avec une aussi faible armée, bien loin de faire
aucune entreprise, il n'y avait pas d'apparence
qu'il pût seulement tenir la campagne. Néanmoins,
comme au commencement d'une minorité il était

très-important, pour les intérêts de la France, de faire tête partout aux ennemis, le vicomte de Turenne passa le Rhin à Brissac ; et ayant su que le frère du général Mercy était avec un corps de deux mille chevaux aux environs d'Hutinghen, au-delà de la Forêt-Noire, il le fit attaquer par quatre ou cinq régiments ; il lui tailla en pièces six cents hommes et en fit cinq cents prisonniers avec beaucoup d'officiers ; le reste se sauva vers le général Mercy, qui, malgré cet échec, ayant encore quinze à seize mille hommes, alla mettre le siége devant Fribourg, capitale du Brisgaw. Quelque faible que fût le vicomte de Turenne, il voulait tenter de secourir cette place ; mais la reine régente lui ayant défendu de ne rien entreprendre de ce côté-là jusqu'à ce que le duc d'Enghien fût arrivé avec le maréchal de Guiche, qui y conduisait douze mille hommes, il fut obligé de les attendre.

Cependant les Bavarois, ayant vivement pressé Fribourg, s'en rendirent maîtres avant que le duc d'Enghien fût arrivé. Ce prince n'eut pas plus tôt joint ses troupes à celles du vicomte de Turenne qu'il résolut d'aller chercher l'ennemi et de lui offrir le combat. Le général Mercy, après la prise de Fribourg, était resté dans le camp qu'il avait auprès de cette ville, ne croyant pas pouvoir se poster plus avantageusement.

En effet, il était dans une plaine environnée de

marais et de montagnes qui formaient une espèce
de carré long, lequel n'avait pour toute ouverture,
de notre côté, que le grand chemin de Brissac à
Fribourg. Il avait derrière lui cette dernière ville;
la tête de son armée faisait face au chemin de Brissac, par lequel on devait naturellement venir à lui;
les marais à sa droite étaient absolument impratica-
bles, et les montagnes qui fermaient sa gauche
étaient si près l'une de l'autre, que l'espace qui se
trouvait entre deux était un véritable défilé.

Cependant, comme son armée prêtait le flanc à
ceux qui l'auraient attaqué par ce passage, il y
avait fait faire des retranchements, outre ceux que
les ravins y formaient déjà; il l'avait fait barrer de
sapins couchés en travers, dont les branches étaient
coupées par la moitié, et qui, par ce moyen, hé-
rissées de pieux en tous sens, servaient de chevaux
de frise; il avait garni le bois, à droite et à gauche,
de mousquetaires, si bien qu'il était persuadé qu'on
n'oserait pas l'attaquer par cet endroit. Quant au
chemin de Fribourg à Brissac, il croyait y avoir
assez bien pourvu en mettant un gros corps de
troupes sur la montagne qui était à la tête de ce
chemin et qui le commandait entièrement.

Le duc d'Enghien, ayant reconnu la disposition
de ce camp, résolut de l'attaquer et par le chemin
de Brissac et par le vallon tout à la fois. L'armée
des Bavarois était de quinze mille hommes, et la

nôtre de dix-neuf mille. Le duc d'Enghien prit la moitié des troupes et voulut attaquer les ennemis par la montagne qui défendait le chemin de Brissac, à la tête de leur camp ; et le vicomte de Turenne, avec l'autre moitié de l'armée, se chargea de les aller attaquer par le vallon. Pour cela il fallait faire le tour de la montagne à travers les bois. Il partit donc vers la pointe du jour, afin d'arriver assez tôt et de pouvoir faire son attaque en même temps que le duc d'Enghien ferait la sienne, comme cela arriva ; car à l'heure dont ils étaient convenus, c'est-à-dire trois heures avant la nuit, le duc d'Enghien fit charger les ennemis au pied de la montagne, et en ayant gagné le sommet, après trois heures de combat, il résolut d'y passer la nuit et d'attendre au lendemain à descendre dans la plaine.

Le vicomte de Turenne était entré dans le vallon à la même heure, et avait fait charger l'infanterie que le général Mercy avait logée à droite et à gauche dans les bois, dont les deux montagnes étaient couvertes. Cette infanterie s'était fait partout des retranchements par des abattis d'arbres ; et il fallait livrer un nouveau combat à chaque pas qu'on faisait. Cependant le vicomte de Turenne poussa si vivement les ennemis, qu'il se rendit maître des deux côtés du défilé, passa tous les fossés et les ravins qui les traversaient, et pénétra dans la plaine,

où il fit entrer une partie de ses troupes. Comme
ce fut justement le temps où le duc d'Enghien avait
cessé le combat, le général Mercy, qui n'était pas
obligé de partager ses forces, vint contre le vicomte
de Turenne avec toute son armée. Le feu fut conti-
nuel de part et d'autre durant toute la nuit, c'est-
à-dire plus de sept heures entières. Les Bavarois
firent les derniers efforts pour nous obliger à repasser le défilé; néanmoins, quoique leur infanterie
fût soutenue de toute leur cavalerie, et que nous
n'eussions pu avoir qu'un seul escadron derrière la
nôtre, faute d'espace, le vicomte de Turenne conserva le terrain qu'il avait gagné, et le général
Mercy, ayant déjà trois mille hommes hors de combat, crut devoir penser tout de bon à sauver le
reste de son armée.

L'obscurité de la nuit empêchait que le vicomte
de Turenne ne vît les mouvements qu'il faisait; il
n'y avait déjà plus vis-à-vis de nous que quelques
rangs de mousquetaires, qui faisaient de fréquentes
décharges de leurs armes pour nous faire croire
que toute l'armée y était encore; et Mercy s'était
retiré avec le reste de ses troupes sans qu'on s'en
fût aperçu, de sorte que lorsque le jour parut, ces
mousquetaires ayant pris la fuite, le vicomte de
Turenne vit qu'il n'y avait plus personne dans la
plaine, et y entra avec le corps qu'il commandait;
ce que le duc d'Enghien ayant aperçu de l'endroit

où il était, il descendit aussi dans la plaine avec ses troupes. Les Bavarois, ayant gagné la montagne Noire, commençaient à s'y retrancher. Nous n'étions qu'à une lieue de cette montagne ; mais comme les soldats que commandait le vicomte de Turenne étaient extrêmement fatigués du combat, qui avait duré toute la nuit, et de la pluie qu'ils avaient eue, outre cela, continuellement sur le corps, on ne jugea pas à propos de marcher aux ennemis qu'on n'eût fait reposer les troupes. Pendant ce temps-là les ennemis travaillèrent sans relâche à fortifier leurs retranchements ; néanmoins, quand le lendemain on fut arrivé au pied de la montagne sur laquelle étaient les Bavarois, on se prépara à les attaquer de telle sorte, que le vicomte de Turenne, qui n'était pas d'un caractère à se flatter, se tenait assuré de leur défaite, sur la seule disposition des attaques dont il devait ce jour-là conduire la principale.

S'étant avancé avec le duc d'Enghien pour aller reconnaître le camp des ennemis, d'une hauteur qui était à deux mille pas de là, d'Espenan, qui commandait toute l'infanterie de l'armée du duc d'Enghien, et à qui le vicomte de Turenne avait dit expressément de ne rien engager jusqu'à ce qu'il fût revenu, d'Espenan attaqua une petite redoute au pied de la montagne, d'où les ennemis firent une si furieuse décharge de canon et de mousqueterie,

que nos soldats, croyant le combat engagé, s'avancèrent de tous côtés sans ordre et sans chefs.

Les Bavarois, tirant avantage de cette confusion,
sortirent de leurs retranchements et firent un grand
carnage de nos gens. Le vicomte de Turenne, ayant
été averti, accourut à eux ; mais le désordre était
si grand qu'il ne put se faire reconnaître ni se
faire entendre ; de sorte qu'il fallut qu'il gagnât les
rangs de nos troupes les plus avancées, et qu'à leur
tête il poussât les ennemis et les fît rentrer dans
leurs retranchements, pour retirer nos gens du danger où ils s'étaient précipités. Le duc d'Enghien
voulut réparer son contre-temps par de nouvelles
attaques qui n'eurent pas le succès qu'on en avait
espéré. On soutint, par honneur, le combat jusqu'au soir, afin qu'il parût que c'était la nuit seule
qui y avait mis fin ; mais il nous en coûta la meilleure partie de notre infanterie, qui y fut défaite.

Cependant notre armée se trouvait encore supérieure à la leur, et nous nous préparâmes à les
attaquer lorsqu'ils auraient abandonné la montagne
où ils avaient tant d'avantage sur nous... Eux, ne
voulant point en venir aux mains avec nous, voyant
que nous nous mettions en bataille, nous abandonnèrent leurs canons, leurs bagages et toutes leurs
munitions, et s'enfuirent avec précipitation dans le
pays de Wurtemberg, par les montagnes de la Forêt-Noire. Le duc d'Enghien les poursuivit jusqu'à

Olgrave, et le vicomte de Turenne encore deux lieues plus loin.

La retraite des ennemis nous laissant maîtres de la campagne, le duc d'Enghien s'avança vers le marquisat de Baden, et, descendant le long du Rhin, s'empara de toutes les villes et forteresses qui se trouvèrent à droite et à gauche sur sa route, et qui firent peu de résistance, à la réserve de Philisbourg; si bien que, en une seule campagne, il se rendit maître d'une grande partie du Brisgaw et de l'Ornaw, du marquisat de Baden, du palatinat du Rhin, du landgraviat de Darmstadt, de l'électorat de Mayence, et de tout le cours du Rhin, depuis Strasbourg jusqu'auprès de Coblentz, dans l'électorat de Trèves; c'est à dire d'une étendue de pays de plus de cent cinquante lieues. Il donna ordre qu'on ramenât son armée en France. Il s'en retourna à la cour pour y jouir de la gloire de tant de conquêtes, et laissa le vicomte de Turenne sur la frontière, pour les conserver, avec cinq ou six mille hommes qui lui restaient.

Cependant le général Mercy, ayant eu le temps de rétablir son armée, s'approcha du Rhin; et, menaçant trois ou quatre de nos villes à la fois pour nous mieux embarrasser, il se jeta tout d'un coup sur Manheim, où nous n'avions pu mettre pour toute garnison que quatre compagnies, dont les officiers se sauvèrent à l'arrivée des Bavarois, qui, après cela, s'emparèrent aisément de la ville.

De l'autre côté, Gleen, général des Impériaux, avait joint son armée à celle que le duc de Lorraine commandait en personne sur la Moselle. Il était à craindre que ces trois généraux, unissant leurs troupes, ne vinssent nous accabler tout d'un coup, ou qu'agissant séparément, l'un ne nous surprît tandis que nous serions en garde contre l'autre.

Le vicomte de Turenne était peut-être l'homme du monde le plus capable de défendre une aussi grande étendue de pays avec un aussi petit nombre de troupes ; c'était là son véritable talent. Néanmoins, comme il avait des sentiments très-modestes de lui-même, il demanda du renfort à la cour, témoignant que sans cela il ne croyait pas pouvoir empêcher que plusieurs de nos places n'eussent le même sort que Manheim.

On ne lui répondit rien autre chose, sinon qu'on avait besoin de troupes ailleurs ; qu'il fît de son mieux, et que c'était tout ce qu'on demandait de lui. Voyant donc qu'il ne pouvait rien obtenir de plus que ce qu'il avait, il fut obligé de suppléer au nombre par des stratagèmes, et de se multiplier pour ainsi dire lui-même par son activité, afin de pouvoir faire tête aux ennemis qui étaient devant et derrière lui, et qui se préparaient à l'attaquer de tous côtés.

Les Bavarois, ayant pratiqué des intelligences

dans Spire, mirent douze cents mousquetaires sur des bateaux, espérant les faire descendre par le Rhin dans la ville. Mais le vicomte de Turenne, ayant découvert leurs desseins, borda ce fleuve d'infanterie et empêcha les bateaux de passer; il fit arrêter les traîtres et sauva Spire.

Presque dans le même temps, le général Gleen et le duc de Lorraine étant venus assiéger avec deux armées Baécarach, ville du Palatinat, située sur le Rhin, le vicomte de Turenne laissa un corps de deux mille hommes sous Philisbourg, pour empêcher toute surprise de la part du général Mercy; et, prenant seulement cinq cents chevaux avec lui, il s'avança jusqu'auprès de Binghen, d'où ayant envoyé vers Baccarach des officiers et des commissaires pour marquer un camp et préparer des vivres à une grande armée, les ennemis, qui crurent qu'effectivement il marchait à eux avec un grand nombre de troupes, levèrent le siège avec précipitation et se retirèrent au-delà de la Moselle.

Quelques jours après, le régiment de Nettancourt, qui était dans Creutznach, poste important entre le Rhin et la Moselle, ayant abandonné la place à l'arrivée des Bavarois, le vicomte de Turenne la fit attaquer et la reprit. Il renforça les garnisons de toutes les autres villes; il les mit en état de faire une vigoureuse défense au cas qu'elle

fussent attaquées ; et il se posta si bien entre les
trois généraux ennemis qu'ils ne purent joindre
leurs armées ensemble durant tout le reste de
l'hiver.

Dès le mois de mars, ayant voulu commencer la
campagne, il fait attaquer Germesheim, qui est
un peu au dessus de Philisbourg, et prend cette
place par escalade. Il passe le Rhin à Spire, s'empare de Stuttgard, dans le duché de Wirtemberg,
prend Rottembourg et Mariandal, où s'étant rétabli
pour avoir derrière lui les états de la landgrave
de Hesse, notre alliée, qui devait joindre son armée à la nôtre quand le temps du quartier d'hiver
serait fini, il envoie des partis dans la Souabe, dans
la Franconie et dans tous les pays des environs,
d'où par ce moyen il faisait apporter dans son camp
toutes sortes de provisions en abondance ; si bien
qu'avec un aussi petit nombre de troupes que celles
qu'on lui avait laissées, non seulement il conserva
toutes les places que nous avions conquises, mais
il en prit encore aux ennemis cinq fort considérables, d'où il faisait des courses jusqu'aux portes de
Wurtzbourg, de Nuremberg, et de plusieurs autres
villes, auxquelles il fit payer toutes les contributions
qu'on a coutume d'exiger quand on est maître de la
campagne.

Ces heureux succès furent suivis d'un revers de
fortune que le vicomte de Turenne avait prévu ;

contre lequel il s'était même précautionné, et qu'il ne sut pas néanmoins éviter. Car, comme ses troupes, fatiguées de tant de mouvements, d'actions et de marches, lui demandaient à aller dans les petites places des environs pour s'y reposer et subsister plus commodément, il le leur refusa, quoique jamais aucun capitaine ne se soit fait un plus grand plaisir que lui de procurer à ses soldats toutes sortes de commodités ; mais en cette occasion il appréhendait que les ennemis ne fussent encore assemblés en correspondance, et que, retournant sur leurs pas, ils ne vinssent attaquer ses quartiers lorsqu'ils seraient séparés.

Cependant les officiers le lui redemandèrent avec de nouvelles instances, et, comme le général major Rose le pressait sur cela jusqu'à l'importunité, il lui donna un détachement de cavalerie pour aller reconnaître ce que faisaient les ennemis, et il envoya encore quelques autres officiers en parti pour le même sujet. Tout le monde lui rapporta que l'armée ennemie était séparée, et que les Bavarois se fortifiaient dans les diverses places où on les avait mis en quartier, comme des gens qui ne songeaient à rien moins qu'à en sortir. Il céda donc enfin à l'importunité de Rose, sur le rapport duquel il crut qu'il devait compter, parce que c'était un vieil officier ; n'y ayant pas d'apparence que des gens qui fuyaient devant nous dussent venir si tôt nous atta-

quer, et que, quand ils le voudraient, ils le pussent faire si subitement que nous n'en fussions pas
avertis, étant à plus de seize lieues de nous. Néanmoins le vicomte de Turenne, appréhendant toujours
quelque surprise, retint autour de lui le canon de
l'infanterie, et ne voulut pas que la cavalerie s'éloi-
gnât de plus de deux ou trois lieues de Mariandal
dont il fit le quartier général, commandant aux
officiers de s'y rendre en diligence au premier ordre
qu'ils en recevraient.

Le lendemain du jour auquel il disloqua ainsi son
armée, ne se tenant pas assuré de la séparation de
celle des ennemis, quelque chose qu'on lui en pût
rapporter, il fit rapprocher de Mariandal tous les
autres quartiers. Plus il réfléchissait, plus il se re-
prochait d'avoir cru trop légèrement que les ennemis
se fussent séparés, sur le rapport de quelques officiers qui pouvaient s'être acquittés de leur commis-
sion avec négligence.

Voulant donc s'en éclaircir par lui-même, il prit
la grande garde de l'armée : il s'avança trois lieues
dans le chemin par où on le pouvait venir attaquer;
et, n'ayant rien découvert, il envoya un parti
encore plus loin, avec ordre à l'officier qui le commandait de ne point revenir qu'il ne lui apportât
des nouvelles bien certaines des ennemis, et ce fut
cet officier qui, le lendemain, dès cinq heures du
matin, vint lui dire que le général Mercy s'avançait

à grands pas avec toute son armée, et n'était pas
fort éloigné de lui.

Le vicomte de Turenne se lève à la hâte; il envoie
ordre à tous les quartiers de se rendre à Hersbstau-
sen, village où était la grande garde, à une lieue et
demie de Mariandal, et commande au général major
Rose de s'y rendre en diligence pour y recevoir les
troupes à mesure qu'elles y arriveraient. Le général
major Rose reconnut la disposition des lieux, et
ayant vu qu'il y avait une assez grande plaine au
delà d'un bois qui était à la tète de notre grande
garde, il lui fit passer ce bois qui avait cinq ou six
cents pas de longueur, et commença à ranger quelques régiments dans la plaine.

Le vicomte de Turenne connut la faute aussitôt
qu'il fut sur le lieu; et, sans s'amuser à en faire
des reproches au général major Rose, il donnait ses
ordres pour faire repasser le bois à nos troupes, lorsqu'ayant découvert l'avant-garde de l'armée ennemie, qui n'était plus qu'à un quart de lieue de nous,
il vit bien qu'il n'avait pas assez de temps pour aller
se mettre derrière le bois, et que le seul parti qu'il
avait à prendre était de ranger promptement en
ordre de bataille le peu de troupes qui étaient là ;
car il n'y avait que trois mille hommes d'infanterie
d'arrivés et sept ou huit régiments de cavalerie.
Dans cet état, voulant profiter de tous les avantages
du lieu, ayant vu à droite un petit bois, il y mit

toute son infanterie, soutenue seulement de deux
escadrons, et en fit son aile droite; il composa
l'aile gauche de tout le reste de la cavalerie qu'il
mit sur une seule ligne, excepté deux escadrons,
dont il fit une espèce de seconde ligne, et attendit
ainsi l'ennemi.

Le général Mercy, qui avait eu le temps de ranger
régulièrement son armée pendant que le vicomte
de Turenne s'était appliqué à tirer avantage de la
disposition du terrain, commença à nous canonner;
mais voyant que son canon ne faisait pas grand
effet, et que cependant il nous arrivait à tout
moment de nouvelles troupes qui auraient bien pu
à la fin rendre notre armée égale à la sienne, il
se mit à la tête de son infanterie pour aller attaquer le petit bois, dont il fallait absolument qu'il se
rendît le maître afin de pouvoir faire agir son aile
gauche.

Le vicomte de Turenne marcha en même temps
avec sa cavalerie contre l'aile droite de l'ennemi,
l'enfonça, rompit tous les escadrons, ébranla même
la seconde ligne, et prit douze étendards. Mais
pendant qu'il renversait ainsi la cavalerie des Bavarois, notre infanterie, alarmée de ce que le
vicomte de Turenne avait pris tant de précautions,
et se croyant à cause de cela dans un péril inévitable, jeta les armes bas à la première attaque
des ennemis, et se sauva à travers le petit bois,

dont le général Mercy s'était rendu maître ; il fit
avancer toute la cavalerie de son aile gauche derrière la nôtre pour l'envelopper. C'était en quoi
consistait alors toute notre armée, n'y ayant pas
d'aile droite. Le vicomte de Turenne, qui avait
rompu la seconde ligne de l'aile droite des ennemis comme la première, et qui n'avait plus devant
lui que trois escadrons du corps de réserve à défaire, ayant vu son infanterie jeter les armes à bas
et le mouvement que les ennemis faisaient pour le
venir envelopper, cessa de combattre ; et ayant
fait en un moment le plan de sa retraite, il commanda à l'infanterie de marcher droit à Philisbourg
sans s'arrêter : il y envoya Beauregard-Chabris
pour la rallier, la faire descendre sur le Rhin
jusqu'à Mayence, et là lui amener dans le landgraviat de Hesse, où il résolut d'aller avec toute sa
sa cavalerie, quoiqu'il en fût à plus de trente lieues,
et qu'il lui fallût pour cela traverser toute la Franconie.

Suivant ce plan, il ordonna à d'Espense de Beau-
veau de se mettre à la tête de la cavalerie, de
passer le Tauber et le Mein, et de marcher toujours
jusqu'à ce qu'il fût arrivé aux frontières du pays
de Hesse. Et pour lui, s'étant mis à l'arrière-
garde, il repassa le bois, en soutenant avec les derniers escadrons tous les efforts des ennemis qui le
poursuivaient. Mais il fut bien surpris, lorsqu'étant

arrivé à la sortie du bois, il se vit coupé par un corps de cavalerie à qui le général Mercy avait fait faire le tour du bois, dans l'espérance que cette cavalerie, marchant toujours sans trouver aucun obstacle, arriverait au grand chemin de Mariandal avant le vicomte de Turenne, qui serait obligé de s'arrêter souvent pour faire tête à l'autre corps de cavalerie, qu'il avait détaché après lui.

Cependant Turenne, ne pouvant pas reculer, et se trouvant renforcé de trois régiments tout frais, qui venaient d'arriver là, suivant l'ordre qu'il leur avait envoyé de se rendre à la grande garde, crut qu'il n'avait point d'autre parti à prendre que celui de passer sur le ventre aux ennemis et de s'ouvrir un passage à la pointe de l'épée, ce qu'il exécuta très-vigoureusement, sans autre perte que celle de quelques cavaliers; après quoi il gagna Mariandal. Il passa le Tauber, où il tint ferme deux ou trois fois pour s'opposer aux Bavarois, qui voulaient passer au même gué que nous : il continua sa retraite en faisant tête aux ennemis à tous les défilés, et en ralliant à droite et à gauche tous ceux qui s'écartaient, il arriva au Mein, qu'il passa à gué; et, craignant que quelque corps de cavalerie ne nous poursuivît, il demeura deux jours entiers dans les bois, avec quinze cents chevaux, avant d'entrer dans la Hesse, où il rejoignit enfin les troupes.

« Il n'arrive guère de malheurs à une armée, qui
ne soient d'abord imputés au général ; mais, bien
loin qu'on rejetât celui-ci sur le vicomte de Turenne, qui au fond avait pris de grandes précautions pour s'en garantir, on releva beaucoup la
présence d'esprit avec laquelle il prit le parti de
marcher aux Bavarois dans le moment même où il
apprit qu'ils venaient à lui ; car, s'il fût demeuré
à Mariandal pour y attendre ses gens, le général
Mercy aurait pu attaquer ses quartiers les plus
avancés l'un après l'autre et les enlever avant qu'ils
eussent pu le joindre ; au lieu qu'ayant gagné la
tête de tout, il se trouva en état de résister aux
ennemis sitôt qu'ils parurent. On fit encore extrêmement valoir cette pénétration, par le moyen de
laquelle il forma le projet de sa retraite et en
prévit toutes les conséquences comme en un instant. On admira enfin, au-delà de tout ce que j'en
saurais dire, cette profondeur de jugement et cet
esprit de ressources, qui lui firent prendre la résolution de mener si avant dans l'Allemagne les débris
de son armée battue ; car il n'y avait personne qui,
en sa place, ne se fût retiré du côté du Rhin, et
qui n'eût cru faire un coup de grand capitaine en
allant couvrir Philisbourg et se mettre tout ensemble à couvert de cette place. Mais le vicomte
de Turenne, qui avait des vues plus étendues qu'un
autre, jugea plus à propos d'aller dans la Hesse,

persuadé que les ennemis ne manqueraient pas de
l'y poursuivre, dans l'espérance d'achever sa défaite,
et qu'en y attirant ainsi la guerre, d'un côté nos
conquêtes du Rhin seraient en sûreté, et de l'autre
la landgrave de Hesse, qui, suivant l'usage d'Allemagne, voulait absolument laisser encore un mois
ses troupes dans leurs quartiers d'hiver, serait
obligée de les en faire sortir incessamment pour la
défense de son propre pays, et de les joindre aux
nôtres, ce qui nous mettrait aussitôt en état de
pouvoir résister aux ennemis.

En effet, nous ne fûmes pas plustôt dans le comté
de Valdelk, que le général Mercy vint assiéger
Kircheim, ville située à l'entrée du pays de Hesse.
Nous n'avions pas plus de trois mille chevaux et
douze cents hommes de pied. La landgrave de Hesse
fut donc obligée, malgré elle, à faire sortir ses troupes
de leurs quartiers pour aller au secours de Kircheim.
Le vicomte de Turenne fit même si bien qu'il engagea le comte de Konigsmark, général des Suédois,
qui hivernait dans le duché de Brunswick, à sortir
aussi de ses quartiers, et à joindre les quatre
mille hommes qu'il commandait aux six mille que
la landgrave de Hesse envoya sous la conduite du
général Geis.

A la tête de cette armée, le vicomte de Turenne
s'avança vers Kircheim, et le général Mercy se retira
aussitôt de devant cette place. Nos soldats, qui

savaient que la disgrâce de Mariandal était arrivée
au vicomte de Turenne en partie par son trop de
bonté pour eux, brûlaient d'envie de le venger, et
voulaient qu'il les menât en Franconie, où les
ennemis s'étaient retirés après la levée du siége de
Kircheim ; mais comme il reçut ordre de la cour
de ne rien entreprendre jusqu'à ce que le duc
d'Enghien et le maréchal de Grammont fussent
arrivés avec les huit mille hommes qu'ils conduisaient, il fallut qu'il suspendît l'ardeur de ses soldats ;
et tout ce qu'il put, pour satisfaire en quelque
façon à leur impatience, fut de les mener au-devant
du duc d'Enghien, afin d'avancer de quelques jours
la jonction des deux armées et être plus tôt en état
de poursuivre les ennemis.

Pour cela il repassa le Mein, prit, chemin faisant, la ville de Venhein, et arriva enfin à Spire,
où le duc d'Enghien ayant passé le Rhin et ayant
joint son armée à celle du vicomte de Turenne, on
marcha vers Haibron, à dessein d'y passer le Necker. Ce fut immédiatement après le passage de cette
rivière, que le général Konigsmark et le général
Geis, piqués de ce que le duc d'Enghien leur avait
parlé avec un certain air de hauteur, en leur commandant quelque chose, déclarèrent qu'ils allaient
quitter notre armée et emmener avec eux leurs
troupes. Le duc d'Enghien voulait qu'on les chargeât, pour les retenir par la crainte d'être taillés

en pièces; mais le vicomte de Turenne, lui ayant
fait entendre que ces étrangers n'étaient pas accoutumés à être traités de cette manière, parla aux
chefs avec sa douceur et sa politesse ordinaires, et
il fit si bien qu'il engagea le général Geis à rester
avec nous. Quant au général Konigsmark, il fit
monter un fantassin en croupe derrière chacun de
ses cavaliers, et se retira de cette sorte à Brémen,
dans la Basse-Saxe. Les Suédois nous ayant quittés,
nous marchâmes avec les Hessois vers le Tauber,
et nous nous emparâmes de toutes les villes qui se
trouvèrent sur la route. Les ennemis ne défendi-
rent que Rottembourg; mais cette place ayant été
prise d'assaut en une nuit, le général Mercy décampa de Feuchtwang et s'avança vers Norlinghen.
Toute l'armée française se mit aussitôt en marche
à minuit, dans le dessein de prévenir les ennemis.

A la pointe du jour nous découvrîmes leur avant-
garde qui tenait la route de Norlinghen. Le général
Mercy nous aperçut aussi dans le même temps, et
comme l'endroit où il se trouvait lui était très-
favorable, il y rangea son armée en bataille et
résolut de nous attendre. Il avait une rivière devant
lui, et de grands étangs à sa droite et à sa gauche.
Nous ne pouvions aborder les ennemis par aucun
endroit; nous fîmes avancer notre canon, et les
Bavarois mirent aussi le leur à la tête de leur
camp.

On se canonna pendant toute la journée avec une perte à peu près égale de part et d'autre ; et, comme on ne pouvait faire autre chose dans ce lieu-là, nous en décampâmes deux heures avant le jour, pour aller à Norlinghen, où il nous était aisé d'arriver avant les ennemis. En effet, dès les neuf heures du matin, nous nous trouvâmes dans la grande plaine qui est devant cette ville ; et sur le midi nous apprîmes que le général Mercy, persuadé que nous allions nous attacher au siége de Norlinghen, avait passé la petite rivière de Wernitz, et commençait à faire travailler aux retranchements d'un camp déjà très-avantageux, qu'il avait occupé à deux lieues de nous et d'où il avait dessein de nous disputer la prise de cette place. Nous nous rangeâmes aussitôt en bataille ; nous marchâmes aux ennemis, laissant nos bagages derrière nous.

Vers le milieu de la plaine de Norlinghen, qui est très-étendue, se trouve un vallon d'une médiocre grandeur, devant lequel est Allerheim, gros village qui est comme flanqué de deux montagnes qu'il a à ses côtés. Ces deux montagnes sont à un quart de lieue l'une de l'autre ; et le village, qui est entre elles deux, est plus avancé vers Norlinghen d'environ trois cents pas. Le terrain qui est entre le château d'Allerheim et le village est uni comme une plaine ; et celui qui est de l'autre côté est une pente qui descend insensiblement de la montagne de Wineberg jusqu'au même village.

C'est là où le général Mercy avait rangé son armée en bataille. Son aile droite, commandée par le général Gleen, s'étendait jusque sur le haut de la montagne de Wineberg ; et son aile gauche, où était le général Jean de Wert, jusqu'au château d'Allerheim. Le corps de bataille occupait le vallon qui faisait le centre de l'armée, et avait à sa tête le village d'Allerheim. Ses deux ailes étaient toutes composées de sa cavalerie, excepté quelques bataillons qu'il avait mis aux extrémités, c'est à dire sur la montagne de Wineberg et sur celle du château d'Allerheim, et tout le reste de l'infanterie formait le corps de bataille. Il avait fait entrer quelques bataillons dans le village, et avait jeté quantité de mousquetaires dans l'église, dans le clocher et le cimetière qui était fermé de murailles. Il avait fait faire des retranchements à la tête de ses troupes, et les deux montagnes étaient bordées de canons. C'est dans cette situation qu'il prétendait nous recevoir si nous venions à lui, ou demeurer campé si nous formions le siége de Norlinghen. Son armée était de quatorze à quinze mille hommes, et la nôtre de seize à dix-sept mille.

Tout ayant été examiné dans le conseil de guerre, le vicomte de Turenne fut d'avis qu'on ne pouvait engager une affaire générale avec les ennemis ainsi

postés et retranchés, sans exposer notre armée à
être entièrement défaite. Mais le duc d'Enghien et
le maréchal de Grammont, qui étaient d'un autre
sentiment, l'ayant emporté sur lui, il fut résolu qu'on
donnerait bataille; que le maréchal de Grammont
commanderait l'aile droite, le vicomte de Turenne,
l'aile gauche; le comte de Marsin, maréchal-de-
camp, le corps de bataille; et le chevalier Chabot,
aussi maréchal-de-camp, le corps de réserve. Quant
au duc d'Enghien, qui disposa de tous ces postes,
il n'en choisit aucun pour lui, disant qu'il voulait
être partout ce jour-là.

Il était déjà cinq heures après-midi, quand tout
fut prêt de notre côté. Alors nous commençâmes à
canonner le village, ce qui ne dura qu'une demi-
heure, car les batteries des ennemis, qui avaient
été dressées les premières, avaient beaucoup d'a-
vantage sur les nôtres, et le duc d'Enghien, voyant
qu'il n'avançait pas beaucoup avec l'artillerie, fit
attaquer le village par quelques bataillons, à la tête
desquels était le comte de Marsin.

Les premiers retranchements furent bientôt forcés; mais quand on fut auprès des maisons, les
ennemis, qui s'y étaient logés, et qui les avaient
percées et crénelées, firent de si furieuses décharges de mousqueterie, que nos gens s'arrêtèrent
tout court d'abord, plièrent ensuite et enfin re-
culèrent. Le comte de Marsin, y ayant été très-dan-

gereusement blessé, le duc d'Enghien y envoya le
marquis de la Moussaye avec un renfort de quelques régiments, qui ne purent soutenir le feu des
ennemis non plus que les autres, et le marquis de
la Moussaye ayant été mis hors de combat par les
blessures qu'il reçut, le duc d'Enghien mena lui-
même nos bataillons à la charge et se fit suivre de
toute l'infanterie.

Le général Mercy, voyant ce mouvement, vint
aussi lui-même prendre position à la tête du village, et se fit soutenir par tout son corps de bataille. Le combat fut sanglant et opiniâtre. Le duc
d'Enghien y reçut quelques coups dans ses habits
et y eut deux chevaux blessés sous lui. Le général
Mercy y fut tué d'un coup de mousquet ; et la mort
de ce grand homme excita dans le cœur de ses
soldats une fureur de vengeance qui les fit fondre
sur nos gens comme un torrent qui tire de nouvelles forces de tous les obstacles qu'on oppose à sa
violence : ce fut plutôt un carnage qu'un combat.

Le duc d'Enghien y fit des actions de valeur
étonnantes ; mais il ne put néanmoins empêcher
que la plus grande partie de notre infanterie ne fût
taillée en pièces, et que toute notre cavalerie française ne fût entièrement défaite par le général Jean
de Werth, qui, à la tête de l'aile gauche des ennemis, culbuta du premier choc notre aile droite, fit
prisonnier le maréchal de Grammont, qui la com-

mandait, battit le chevalier Chabot à la réserve, et pénétra jusqu'à nos bagages avec quelques escadrons qui se mirent à les piller.

Cependant le vicomte de Turenne, avec notre aile gauche, qui était toute composée d'Allemands, avait marché à la montagne de Wineberg contre l'aile droite des ennemis ; et, essuyant les décharges continuelles de leur artillerie, sans s'arrêter un moment, avait eu un cheval blessé sous lui, et avait reçu dans sa cuirasse un coup d'un canon chargé à cartouches ; mais il était enfin arrivé en bon ordre au haut de la montagne, où le duc d'Enghien vint le joindre, voyant qu'il n'y avait plus rien à faire, ni à l'aile droite, ni au corps de bataille.

Ce prince se mit à la tête de la seconde ligne, et le vicomte de Turenne ayant mené la première à la charge, il rompit du premier effort tous les escadrons ennemis qui étaient sur la montagne ; il défit l'infanterie qui y était aussi, fit prisonnier le général Gleen, gagna le canon, le fit pointer contre le reste de cette aile qui s'étendait jusqu'au village, et prenant les ennemis en flanc, les chargea si vigoureusement qu'ils furent obligés d'abandonner le champ de bataille et de se retirer plus de cinq cents pas au-delà du village. Les régiments qui s'étaient retranchés dans l'église et dans le cimetière, se voyant près d'être forcés, se rendirent à discrétion.

Le général Jean de Werth, ayant appris ce qui

se passait à la montagne de Wineberg, y accourut avec son aile victorieuse ; mais le jour était déjà fini lorsqu'il y arriva, et d'ailleurs il trouva les choses dans un si grand désordre ; qu'il crût ne pouvoir rien faire de mieux que de profiter de l'obscurité de la nuit pour gagner Donawert et sauver les débris de son armée en se retirant au-delà du Danube.

Le vicomte de Turenne le poursuivit avec trois mille chevaux, et ne revint point qu'il ne l'eût vu repasser le fleuve avec toute ses troupes. Après la retraite de l'armée ennemie, les villes de Norlinghen et de Dunckespield nous ouvrirent leurs portes. Le duc d'Enghien tomba malade ; et, s'étant fait porter à Philisbourg, et ensuite à la cour, il laissa son armée sous la conduite du maréchal de Grammont, qui avait été échangé contre le général Gleen.

Comme les états du duc de Bavière se trouvaient exposés par la victoire de Norlinghen, ce prince sollicita fortement l'empereur de lui envoyer un renfort de troupes, qui fût capable de nous empêcher de prendre des quartiers d'hiver dans son pays, et lui manda que, s'il n'était promptement secouru, il serait obligé de s'accommoder avec nous. L'empereur, qui appréhendait qu'il n'écoutât les propositions que nous lui faisions, et qui, venant de faire la paix avec le prince de Ragotzki, n'avait plus de troupes en Hongrie, lui envoya un grand corps de cavalerie et de dragons, sous les ordres de l'archiduc Léopold, qui prit Gallas avec lui; comme il ne menait point d'infanterie, il eut bientôt joint Gleen, Jean de Wert et les Bavarois. L'archiduc, secondé de tant de grands capitaines, marcha avec toute la diligence possible.

Le maréchal de Grammont et le vicomte de Turenne, qui n'avaient pas la moitié de leurs troupes, se retirèrent au plus tôt vers le Rhin et se placèrent sous le canon de Philisbourg. Là, ils envoyèrent chercher des bateaux à Spire, pour faire un pont sur le Rhin; mais à peine en avait-on amené quelques-uns, que l'archiduc Léopold arriva avec toute son armée, et se campa à une demi-lieue de Philisbourg, dans l'espace qui est entre cette place et le Rhin. Nous nous y retranchâmes; nous fîmes passer nos bagages dans des bateaux au-delà du Rhin, à la faveur de notre retranchement et du canon de Philisbourg. Le maréchal de Grammont y passa lui-même avec l'armée du duc d'Enghien et toute la cavalerie de celle du vicomte de Turenne, qu'il mena à Landau.

L'archiduc Léopold demeura deux jours autour du camp du vicomte de Turenne; et, désespérant enfin de le pouvoir forcer par un endroit, il rebroussa chemin, et marcha à Wimphem, qu'il assiégea dans les formes. Comme tout le gros canon de notre armée était dans cette place, le vicomte

de Turenne voulut la secourir. Pour cela, il envoya
chercher sa cavalerie, que le maréchal de Grammont
avait conduite à Landau. Les Français vinrent; mais
les Allemands refusèrent d'obéir à leurs officiers
qui voulaient les amener; de sorte que Wimphen
n'ayant point été secouru, l'archiduc Léopold s'en
rendit maître en huit jours; après quoi, ayant passé
le Necker, il s'empara des villes de Dunkelspield
et de Norlinghen, et continua sa route vers la Bohême pour y mettre son armée en quartier d'hiver.

Les ennemis étant tout-à-fait retirés, le maréchal
de Grammont s'en retourna en France avec l'armée
du duc d'Enghien; et le vicomte de Turenne demeura encore sur le Rhin avec la sienne. Tout le
monde était dans l'impatience de voir comment il
en userait avec les Allemands. Il est vrai que par
leur désobéissance, ils avaient été cause de la perte
de Wimphen et de celle de notre gros canon. Néanmoins, comme tous les corps étaient coupables,
il ne jugea pas à propos de les punir; d'autant
qu'il était persuadé qu'on ne pouvait avoir de trop
grands ménagements pour les étrangers. Cette qualité d'étranger lui ayant toujours paru avoir quelque
chose de sacré, qui rendait les personnes inviolables;
outre qu'il avait besoin de ces Allemands pour le
succès d'une entreprise dont il avait formé le dessein, et qu'il ne doutait point que, touchés d'une
ndulgence qu'ils méritaient si peu, ils ne se piquas-

sent d'honneur, et ne voulussent expier eux-mêmes leur faute en signalant leur courage à la première occasion qui se présenterait.

Le rétablissement de l'électeur de Trèves était cette entreprise qu'il méditait comme une chose capable d'honorer la régence de la reine; car il y avait plus de dix ans que l'empereur et le roi d'Espagne avaient dépouillé ce prince de ses états, parce qu'il avait fait un traité particulier d'alliance avec nous. Le vicomte de Turenne, ayant donc résolu de rétablir cet électeur dans Trèves, y marcha, quoiqu'il en fût à quarante lieues, et qu'il fît un froid très-rigoureux pour la saison. Il laissa quelques troupes garder le passage du Rhin et les bagages de l'armée: il ne mena avec lui que très-peu d'infanterie, pour faire plus de diligence; mais il en fit venir un corps de l'armée du duc d'Enghien, laquelle était à Metz, d'où il fit aussi descendre le canon par la Moselle. Il se donna le soin de tout le détail du siége. Il se saisit des passages par où on pouvait secourir la place; il l'investit; et, ayant su que les ennemis s'assemblaient pour venir la secourir, il fit passer la Moselle au colonel Schûts, et l'envoya contre eux avec les Allemands, qui, brûlant d'envie de réparer leur faute, ne respiraient que l'occasion de combattre. Le colonel Schûts, ayant donc marché aux ennemis, les dissipa entièrement, et il les aurait

taillés en pièces s'ils ne se fussent jetés dans les
bois dont le pays est couvert. Le gouverneur de
Trèves, voyant qu'il ne pouvait plus être secouru,
demanda à capituler et se rendit. Le vicomte de
Turenne remit ainsi l'électeur en possession de ses
états ; et, pour faire éclater cette glorieuse action
dans toute l'Europe, on frappa une médaille où
l'on voit la France sous la figure d'une femme,
qui remet dans les mains de l'électeur une épée,
une crosse et un bouclier où sont les armes de
l'électeur. Les mots de la légende, *Tutelæ Gallicæ
fidelitas*, signifient : *La France fidèle à protéger ses
alliés.* Ceux de l'exergue ; *Elector Treviensis in
integrum restitus*, *M. DC. XLV*, veulent dire :
*L'électeur de Trèves rétabli dans la possession de
tous ses états. 1645.*

Ce rétablissement engagea nos alliés à nous demeurer fidèles ; frustra le duc de Lorraine des quartiers qu'il avait compté prendre dans cet électorat ;
et fit de la Moselle une nouvelle barrière à la France.
Le vicomte de Turenne fit faire un réduit près le
pont de Trèves, dans lequel il laissa cinq cents
hommes ; il prit Oberwesel, château que les ennemis occupaient encore en deçà du Rhin ; il renforça
la garnison de Philisbourg ; il visita toutes nos autres
places, et il les mit en état de défense ; il distribua
son armée le long du Rhin et de la Moselle ; et s'en
alla à la cour au commencement du mois de février.

Il y fut reçu avec tous les applaudissements que méritait une campagne si glorieuse. Pour lui, il ne cessa de représenter qu'on ne ferait jamais rien en Allemagne, tant que notre armée et celle des Suédois, nos alliés, seraient séparées; que, comme l'une était toujours vers les pays héréditaires de la maison d'Autriche, et de l'autre côté du Rhin; il était facile aux Impériaux et aux Bavarois, qui se trouvaient entre deux, de jeter leurs plus grandes forces du côté où ils étaient les plus pressés, et d'empêcher ainsi qu'on ne remportât de plus grands avantages sur eux. Ces raisons furent enfin goûtées du cardinal Mazarin, en qui la reine avait une confiance sans réserve, et qui avait, sous la régence, presque la même autorité que le cardinal de Richelieu avait eue sous le règne de Louis XIII. La jonction des deux armées fut donc résolue. Quant à l'exécution de ce grand projet, le cardinal Mazarin s'en remit entièrement à la prudence du vicomte de Turenne.

Cependant ce ministre, maître des grâces et chargé du poids des affaires, voulant reconnaître les services rendus à la couronne par le vicomte de Turenne, et en faire le principal appui de son ministère, lui offrit le duché de Château-Thierry. Il est peu de cadets, de quelque maison que ce soit, qui n'eussent accepté l'offre avec joie. Néanmoins, comme ce duché était du nombre des terres que le conseil avait proposé de réunir pour faire

l'équivalent qu'on devait donner au duc de Bouillon,
en échange de Sedan, le vicomte de Turenne, appréhendant que ce qu'il prendrait serait diminué
sur ce qu'on devait donner au duc de Bouillon,
son frère, refusa, malgré toutes les assurances qui
lui furent données, l'offre du cardinal.

A cette nouvelle, les ennemis allèrent se camper
près la ville de Fridberg. Nous n'avions que quatorze à quinze mille hommes, et ils en avaient
vingt-trois à vingt-quatre mille. Néanmoins le vicomte de Turenne résolut de marcher à eux, et de
forcer tout ce qui s'opposait au dessein qu'il avait
d'aller au Mein, afin de pouvoir faire venir le reste
de son infanterie, qui était à Mayence. Il fit donc
avancer les deux armées à Fridberg ; mais l'archiduc
Léopold, nous voyant si près de lui, bien loin
d'accepter la bataille, ne s'occupa qu'à faire encore
creuser nuit et jour les retranchements de son
camp, où il était presque tout-à-fait enterré avec
son armée. Le vicomte de Turenne, qui ne voulait
que le passage, et qui n'eût eu garde de se flatter
qu'on ne le lui eût point disputé, laissa l'archiduc
sur ses retranchements, et continua sa route vers le
Mein ; où, étant arrivé entre Francfort et Hanau,
il fit venir son infanterie de Mayence, qui n'était
qu'à dix lieues de là. Toutes nos troupes étant ainsi
jointes, le vicomte de Turenne et le général Wrangel passèrent le Mein avec les deux armées, et

prirent les villes de Selingestat et d'Aschaffembourg, dans l'électorat de Mayence.

On peut se figurer quelle fut l'alarme qui se répandit dans tout le pays, où l'on croyait devoir jouir d'une grande tranquillité, à l'abri de deux aussi puissantes armées que celles de l'empereur et du duc de Bavière, qui le couvraient. Les paysans se réfugient en foule dans les villes. Les magistrats de ces villes viennent au-devant de nous nous en apporter les clés. Mais comme notre armée se serait trop affaiblie si nous avions laissé des garnisons dans toutes ces villes, on se contenta de faire sauter les fortifications des unes et d'emmener les principaux habitants des autres pour otages. Ces otages, voyant que nous n'avions que dix-huit mille hommes, ne pouvaient comprendre comment, avec si peu de troupes, nous pouvions être les maîtres d'une aussi grande étendue de pays.

Cependant le duc de Bavière, ayant su que nous avions passé le Mein, envoya faire rompre les ponts de Dilinghen et de Hochstet, sur le Danube, qui était la seule barrière qui restât entre nous et ses états. Il fit transporter, de Munich à Burckaussen, ce qu'il avait de plus précieux; il envoya faire de grandes plaintes à l'empereur contre l'archiduc Léopold, qui avait si mal défendu l'Allemagne. En effet, en nous laissant passer Fridberg, il nous avait ouvert les trois cercles de Franconie, de

Souabe et de Bavière ; les places y étaient remplies
de toutes sortes de provisions ; les ennemis n'avaient
pris aucune précaution pour empêcher le pillage,
les croyant fort en sûreté derrière toutes les forces
de l'empire, qui devaient défendre le passage du
Mein. Nous y aurions pu faire un butin inesti-
mable, et le vicomte de Turenne aurait tiré pour
lui seul, s'il l'avait voulu, plus de cent mille écus
de contributions par mois, et cela, sans rien faire
qui ne fût selon les usages de la guerre ; mais par
un désintéressement sans exemple, il se contenta
de tirer des villes où les ennemis avaient fait leurs
magasins, de quoi faire subsister son armée. Et
pendant qu'au grand étonnement de toute l'Europe,
les Impériaux et les Bavarois demeuraient dans le
pays de Fulde, où ils s'étaient retirés, l'armée de
France et celle de Suède, entrant dans la Franconie
et dans la Souabe, prirent de force Schorendorff,
Dunkelspield et Norlinghen, qui voulurent faire
quelque résistance, et passèrent le Danube à Donawert et à Lawingben, dont les ennemis n'avaient
point encore fait rompre les ponts.

Le duc de Bavière n'eut pas plus tôt appris que
nous avions passé le Danube, qu'il se retira à Bru-
nau, sur la rivière d'Inn, ne se croyant pas en
sûreté dans sa capitale. Le vicomte de Turenne et
le général Wrangel, avançant toujours dans le pays,
passèrent le Lech, et se rendirent maîtres de la

ville de Rain, la meilleure forteresse de la Bavière
de ce côté-là ; et voyant que l'archiduc Léopold ne
faisait pas le moindre mouvement pour arrêter les
progrès de nos conquêtes, ils marchèrent à Augsbourg, en deçà du Lech, persuadés qu'ils force-
raient cette place à se rendre comme les autres,
si on leur en laissait aussi tranquillement faire le
siége. Mais le duc de Bavière fit déclarer si posi-
tivement à l'empereur qu'il s'accommoderait avec
nous si on laissait prendre cette importante ville,
entre laquelle et Munich il n'y avait plus aucune
place de défense, que l'archiduc Léopold eut ordre
d'en aller faire lever le siége. L'ordre était le plus
absolu qui se pût donner. Léopold vint donc dans
la Bavière, où on lui envoya encore de grands renforts de troupes ; et ayant paru à la vue d'Augsbourg avec une armée fort supérieure à la nôtre,
nous nous retirâmes à neuf ou dix lieues de là, du
côté de Lawinghen. L'archiduc passa le Lech, vint
se camper aux environs de Memmenghen, et ayant
un grand magasin de vivres à Landsberg, il résolut
de demeurer là si longtemps que nous fussions
obligés à sortir de la Bavière et à aller prendre des
quartiers d'hiver au-delà du Danube.

Les choses étaient dans cet état, lorsque le vicomte de Turenne et le général Wrangel, ayant
concerté ensemble un nouveau dessein, firent partir
notre armée des environs de Lawinghen, quoique

la terre fût déjà toute couverte de neige, et marchèrent droit aux ennemis. L'archiduc, qui avait devant lui de grands marais et de longs défilés, crut que nous allions le venir attaquer dans un camp si avantageux. Pour le confirmer dans cette persuasion, le vicomte de Turenne et le général Wrangel, s'étant approchés à une lieue de lui, laissèrent là deux mille chevaux, qui faisaient face à son camp, et marchèrent avec tout le reste de l'armée vers le Lech. Ils y trouvèrent le pont des Impériaux, sur lequel ils passèrent; ils s'avancèrent aussitôt jusqu'à Landsberg, qu'ils prirent par escalade; et s'étant ainsi rendus maîtres du magasin des ennemis, où ils trouvèrent de quoi faire subsister notre armée pendant six semaines, ils campèrent en cet endroit, et commencèrent à envoyer des partis jusqu'aux portes de Munich.

Cependant l'archiduc Léopold, se trouvant sans vivres avec deux grandes armées qu'il était obligé de faire subsister, fut contraint de décamper et de repasser le Lech, pour gagner les pays héréditaires de la maison d'Autriche, où il mena hiverner l'armée de l'empereur, et laissa celle du duc de Bavière dans les états de ce prince, lequel, voyant tout son pays en proie à nos troupes et ne pouvant espérer de secours d'aucun endroit, nous demanda la paix, offrit de se détacher entièrement du parti de l'empereur et de demeurer à l'avenir inviolablement attaché à nos intérêts, promesses frivoles dont on ne se contente, ainsi que nous avions fait au commencement de la campagne, que quand on n'est pas en pouvoir d'exiger d'autres sûretés. Mais comme nous étions alors en état de lui donner la loi, nous l'obligeâmes à nous remettre entre les mains Lawinghem, Gundelfinghin et Hochstet, dont il était le maître, afin que, s'il venait encore à nous manquer de parole, nous pussions nous en faire raison, par le moyen de ces places, qui nous ouvraient passage dans ses états. Ce fut en partie à l'occasion de ces conquêtes que la France fit frapper une médaille où l'on voit Mars portant un javelot chargé de plusieurs couronnes murales. La légende, *Mars expugnator*, signifie *Mars preneur de villes*. L'exergue, XIII *urbes aut arces captæ*, *M. D. C. XLVI*, veut dire, *treize villes ou forteresses prises en 1646*.

La paix ayant été ainsi faite avec le duc de Bavière, et les Suédois étant assez forts pour soutenir eux seuls la guerre contre l'empereur en Allemagne, le cardinal Mazarin envoya ordre au vicomte de Turenne de mener ses troupes en Flandre, où notre armée n'était pas à beaucoup près si forte que celle des Espagnols, qui était commandée alors par l'archiduc Léopold. Le vicomte de Turenne quitte donc la Bavière; et, avant que d'aller à Philisbourg pour passer le Rhin, prend

Béblighen et Tubingue, dans le duché de Wirtemberg ; Steinneim et Hochstet, sur le Mein ;
Darmstadt, Ghetsheim, et quelques autres places
qui pouvaient assurer nos conquêtes le long du
Rhin et nous ouvrir divers passages dans le reste de
l'Allemagne.

Cependant, les Allemands qui étaient à notre
solde dans son armée ayant témoigné assez ouvertement la répugnance qu'ils avaient à aller en
Flandre, Rosen, le plus accrédité d'entre eux,
pensa à se rendre maître de ce corps de troupes
de la même manière que le duc de Weimar l'avait
été de son armée. Pour cela il engagea les étrangers à se refuser à aller où on les voulait mener,
sous prétexte qu'il leur était dû cinq ou six mois
de leur paie ; si bien que lorsque l'armée, qui
avait passé le Rhin à Philisbourg, fut arrivée à
Saverne, on vint dire au vicomte de Turenne que
les Allemands ne voulaient plus marcher et qu'ils
disaient tout haut qu'ils ne passeraient pas outre.

Ce prince, qui était bien éloigné de croire que
l'auteur de cette révolte, fût Rosen, à qui il venait
tout récemment de procurer le grade de lieutenant
général de cavalerie, l'envoya vers ses compatriotes
pour les porter à faire leur devoir. Mais, bien loin
de le faire, il demeura avec eux, et envoya dire
au vicomte de Turenne qu'il était retenu par force ;
et, commençant à donner des ordres comme un

général qui ne reconnaissait plus de supérieur, il fit marcher jour et nuit les Allemands, et les mena au delà du Rhin, qu'il passa au dessous de Strasbourg.

Le vicomte de Turenne le suivit aussitôt avec tout ce qui lui restait de troupes, et, quoiqu'il eût trois mille hommes d'infanterie, il fit quatorze lieues en un jour, et joignit bientôt les rebelles. Rosen fut bien étonné de voir le vicomte de Turenne; il ne pouvait guère douter que son infidélité ne lui fût connue; néanmoins, s'imaginant qu'il pouvait encore la lui déguiser, ou plutôt n'ayant ni assez de temps, ni assez de liberté d'esprit, dans une si grande surprise, pour réfléchir sur le parti qu'il devait prendre : *Vous voyez,* lui dit-il, *comme on m'emmène malgré moi.*

Le vicomte de Turenne parut croire ce qu'il lui disait de la prétendue violence qu'on lui faisait. Il était en droit de donner sur les rebelles, et, comme il était beaucoup plus fort qu'eux, il pouvait les faire passer au fil de l'épée. Mais considérant le besoin que la France avait alors de ces troupes, il aima mieux essayer de les ramener à leur devoir. Il pria Rosen de persévérer dans l'attachement qu'il avait pour la couronne au service de laquelle il s'était dévoué depuis si longtemps, et d'employer ses bons offices auprès de ses compatriotes. Il renvoya toutes ses troupes, pour ne donner aucun

ombrage aux Allemands; il ne prit avec lui que
quatre de ses domestiques, et marchant toujours
avec Rosen, sans le quitter d'un pas, cet officier
n'eut bientôt plus aucun crédit parmi ses propres
soldats, qui le soupçonnèrent de tramer quelque
chose contre eux avec le vicomte de Turenne. Il
voulut lui persuader qu'il y avait peu de sûreté
pour lui parmi ces étrangers, afin qu'il retournât
à son armée; mais Turenne lui répondit d'un ton
qui lui fit comprendre qu'il n'avait nul besoin d'être
rassuré. Il continua donc de marcher. On arriva à
Edlinghen, petite ville du marquisat de Bade, à
huit lieues de Philisbourg; et là, le vicomte de
Turenne, voyant que Rosen avait perdu toute la
confiance des Allemands, fit venir de Philisbourg
cent mousquetaires, qui l'enlevèrent et qui le con-
duisirent dans cette forteresse.

Alors deux régiments entiers vinrent se joindre
au vicomte de Turenne et le reconnurent pour
leur général. Tous les officiers de ce corps de
troupes, jusqu'aux caporaux, se rendirent aussi
auprès de lui, protestant qu'ils lui obéiraient en
toutes choses. Les autres, ayant choisi des cavaliers pour commandants, prirent le chemin de la
Franconie; et le vicomte de Turenne, voyant qu'il
n'y avait plus rien à ménager avec eux, les poursuivit à la tête de ceux qui étaient rentrés dans leur
devoir, et les ayant atteints à Konishoven, dans la

vallée du Tauber, il les fit charger; il en tailla en
pièces trois cents; il en fit un pareil nombre de
prisonniers; le reste lui échappa par la fuite. Il
aurait pu faire punir les prisonniers comme rebelles;
mais, ayant égard à leurs services passés, il leur
pardonna; il les incorpora dans les troupes qu'il
alla rejoindre dans le Luxembourg.

L'archiduc Léopold, croyant qu'il avait de grands
desseins sur cette province, fut obligé d'y envoyer
un détachement de son armée, et l'ayant ainsi affai-
bli, non-seulement il ne fut plus en état de rien
entreprendre en Flandre, mais encore il ne put
sauver les villes de Dixmude, de la Bassée et de
Lens, qui furent prises par les maréchaux de
Rantzau et de Gassion.

La cour rendit toute la justice qu'elle devait à la
conduite que le vicomte de Turenne avait tenue
à l'égard des Allemands : elle donna de grandes
louanges à la prudence avec laquelle, prenant de
sages tempéraments dans cette conjoncture délicate,
il avait su si à propos dissimuler, punir, pardon-
ner, ménager les esprits, sans rien perdre de son
autorité; faire des exemples des particuliers et
conserver la confiance du corps; et pour faire passer jusqu'à la postérité le souvenir des conquêtes
qu'il avait faites durant cette campagne; on fit
frapper une médaille où l'on voit un quadrige
chargé d'un trophée que couronne la Victoire.

La légende *Diverso ex hoste* signifie, *la France triomphante de différents ennemis.*

L'exergue, *xi urbes aut arces captæ, M. D. C. XLVII*, veut dire, *onze villes ou forteresses prises. 1647.*

Cependant le duc de Bavière, voyant que les Suédois remportaient de très-grands avantages sur l'empereur, et craignant qu'ils ne devinssent trop puissants, joignit son armée à celle des Impériaux, sans avoir égard au traité qu'il venait de faire avec nous et avec la couronne de Suède. Le général Melander, qui était alors à la tête des deux armées, étant entré dans la Hesse, avait poussé le général Wrangel jusque dans le pays de Brunswick, lorsque le vicomte de Turenne reçut ordre d'aller à son secours. Il part aussitôt du duché de Luxembourg avec son armée, s'avance dans le Palatinat, fait lever, chemin faisant, le siége de Worms aux Impériaux et aux Espagnols, et passe le Rhin à Mayence. A cette nouvelle, les Impériaux et les Bavarois quittent le pays de Hesse et se retirent vers le Danube.

Le général Wrangel, se trouvant ainsi délivré d'eux, traverse la Hesse et s'avance jusqu'à Ghelenhausen, dans le comté de Hanau, entre la Hesse et la Franconie, où le vicomte de Turenne, l'étant venu joindre, ils résolurent de passer le Mein et d'aller chercher les ennemis pour les combattre.

Le général Melander, ayant appris que nous avions passé le Mein, passe le Danube à la hâte et marche vers Augsbourg. Nous le poursuivons avec encore plus de diligence. Nous passons le même fleuve après lui à Lawighem, où nous laissons nos gros équipages, nos malades, tout ce qui pouvait nous embarrasser. Le vicomte de Turenne et le général Wrange prennent les devants avant la cavalerie, en donnant ordre à l'infanterie de suivre avec le canon le plus promptement qu'il se pourrait.

On atteignit bientôt, à Zusmarshausser, l'arrière-garde de l'armée ennemie, qui achevait de passer un bois à la faveur de trente escadrons que commandait le comte de Montecuculi. Comme l'armée du vicomte de Turenne avait l'avant-garde de ce jour-là, il chargea les trente escadrons à la tête de notre cavalerie; il les rompit, les mit en désordre, les obligea à se sauver au travers du bois, et les poursuivit jusqu'à une petite plaine, qui était au bout de ce bois, où il trouva le général Melander, qui, étant averti de ce qui se passait à son arrière-garde, y était accouru avec un grand corps de cavalerie.

Le combat fut sanglant en cet endroit, et le terrain longtemps disputé; mais le général Melander ayant été tué, sa cavalerie gagna un second bois, qui était au bout de la plaine, pour se retirer à la faveur de l'infanterie, dont il était tout bordé du

côté de cette plaine. Le vicomte de Turenne poursuivit les fuyards jusqu'au bois : le feu de l'infanterie ennemie suspend l'ardeur de ses soldats ; mais
le général Wrangel ayant trouvé moyen d'entrer au
milieu du bois par un chemin détourné qui était
sur la gauche, les ennemis, qui se virent coupés,
perdirent courage. Tout ce qu'ils avaient là d'infanterie fut taillé en pièces ; leurs canons et leurs
bagages furent pris ; on poursuivit la cavalerie,
qu'on mena toujours battant pendant une heure et
demie, et l'on arriva à un ruisseau fort profond, où
il n'y avait qu'un seul gué fort étroit, qui était
gardé par le duc de Wirtemberg, général-major de
l'armée impériale ; et ce prince avait avec lui six
ou sept escadrons de cavalerie, et trois bataillons
retranchés au-delà du ruisseau, pour en défendre
le passage. Comme nous n'avions point d'infanterie
pour le forcer, on pointa contre les ennemis l'artillerie qu'on leur avait prise, croyant les con-
traindre à coups de canon à quitter ce poste ; mais
on eut beau les canonner, le duc de Wirtemberg
vit tuer plus de la moitié de ses gens sans abandonner le passage ; il essuya notre feu jusqu'à la
fin du jour ; il eut cinq chevaux tués sous lui ; et,
par cette étonnante fermeté, il empêcha que toute
l'armée ennemie ne fût taillée en pièces. Ce qui
en restait se retira durant la nuit vers Augsbourg,
et y passa le Lech. Le vicomte de Turenne et le

général Wrangel les y poursuivirent sans leur donner de relâche ; mais ils n'eurent pas plus tôt passé
le Lech, que les ennemis, fuyant toujours, passèrent l'Amber, l'Iser et l'Inn, et se réfugièrent dans
l'Autriche, abandonnant toute la Bavière à notre
armée.

Alors le duc de Bavière, ne trouvant plus de
sûreté pour lui dans aucune ville de ses états, en
sortit, et se retira dans l'archevêché de Salzbourg,
où il fut obligé d'aller chercher un asile, à l'âge de
soixante-quinze ans. De là il dépêcha courriers
sur courriers à l'empereur, et il le pressa tellement de faire la paix, qu'elle fut enfin conclue à
Munster, entre l'empereur et le roi de France, et
les alliés de l'un et de l'autre. Toute l'Europe reconnut qu'elle était due en partie aux grandes
actions que le vicomte de Turenne avait faites cette
année en Allemagne ; et la France, pour immortaliser une campagne si glorieuse, fit frapper la
médaille où l'on voit la Victoire qui d'une main
tient une couronne de laurier, et de l'autre une
pique au bout de laquelle est un trophée. La légende, *Victoria fractæ fidei ultrix*, signifie *la Victoire vengeresse de la foi violée.* L'exergue, *Pulso
trans Oenum Bavaro, M. D. C. XLVIII*, veut
dire, *le duc de Bavière chassé au-delà de la rivière
d'Inn.* 1648.

Par le traité de Munster, le landgraviat d'Alsace,

le Suntgaw, Brisach, et la préfecture des dix villes impériales qui sont en Alsace, ainsi que le droit de mettre garnison dans Philisbourg, furent accordés à la France, avec tous les droits de souveraineté que l'empereur et l'empire pouvaient avoir sur Pignerol, et sur les villes et évêchés de Metz, Toul et Verdun. On céda aussi à la landgrave de Hesse, qui avait toujours été attachée à nos intérêts, l'abbaye d'Hirchfeld, avec le droit de seigneurie sur quatre bailliages de la Westphalie; et aux Suédois, nos alliés, les duchés de Bremen et de Ferden, avec la ville de Wilshusen; la ville et le port de Wismar, toute la Poméranie citérieure, les îles de Rugen et de Wollin, les villes de Stettin, Gartz, Dam et Golnau, et plusieurs autres avantages très-considérables. Ainsi finirent nos guerres avec l'empereur et avec l'empire.

LIVRE TROISIÈME

Turenne se ligue avec l'archiduc Léopold contre la cour de France, pour la délivrance des princes de Condé, de Conti et de Longueville, arrêtés par ordre de Mazarin. — Combat de la plaine du *Blanc-Champ.* — Turenne retourne au parti de la cour et défait Condé près de Gien. — Combat acharné dans le faubourg Saint-Antoine. — Mort du duc de Bouillon. — La Picardie devient le théâtre de la guerre. — Siége et délivrance d'Arras. — Turenne s'empare de Mardick et de Saint-Venant, et fait lever le siége d'Ardres. — Siége de Dunkerque.

Pendant que nos guerres étrangères se terminaient si glorieusement, il s'en formait une beaucoup plus dangereuse au milieu de l'État, où la fureur des dissensions civiles s'étant élevée, l'esprit de révolte gagna, en moins de rien, tout ce qu'il y avait de plus fidèle dans le royaume, les parlements, les princes du sang, et même le vicomte de Turenne ; triste mais sincère partie de l'histoire de ce grand homme, où je raconterai ses fautes sans en dissimuler la honte, comme j'ai raconté jusqu'à présent ses belles actions sans en exagérer le mérite. Mais afin de pouvoir faire bien entendre quelle part il eut à nos malheureuses divisions, il faut remonter jusqu'à leur origine, et faire voir la situation où était la France alors, par rapport au gouvernement.

Le roi Louis XIV était encore mineur, et la reine

régente ne faisait rien que par le conseil du cardinal Mazarin ; c'était proprement lui qui gouvernait
le royaume.

Ce ministre, chargé des entreprises, et persuadé que l'argent était le ressort des succès,
multipliait, par toutes sortes de moyens, les impositions publiques. Le parlement de Paris, qui
croyait que ces impositions ne se pouvaient faire
sans son consentement, s'opposa formellement à
l'exécution d'un édit par lequel on voulait faire une
nouvelle levée de deniers sur le peuple. Le cardinal Mazarin, choqué de l'obstacle que le parlement
mettait à ses desseins, retrancha, par un autre
édit, les gages de tous les officiers de justice, afin
de regagner sur eux ce qu'on l'empêchait de prendre sur le peuple. Le parlement, piqué à son tour
de ce retranchement de gages, entreprit d'établir
une chambre de justice qui prît connaissance des
malversations commises au maniement des finances ,
et de faire rendre compte au cardinal Mazarin de
l'emploi de tous les deniers levés depuis le commencement de la régence. Le cardinal regarda
cette entreprise comme un attentat contre l'autorité
royale, et fit arrêter quelques membres du parlement, croyant intimider par là tout le corps. Mais
à cette nouvelle, le peuple, qui était persuadé que
le parlement n'avait en vue que le soulagement du
public, s'étant soulevé et ayant pris les armes, la

cour fut obligée de remettre en liberté les officiers qu'elle avait fait arrêter.

Le cardinal Mazarin, outré d'avoir été ainsi réduit à céder aux rebelles, sortit de Paris; il emmena le roi et la reine à Saint-Germain-en-Laye, et, se flattant de forcer les Parisiens à tout ce qu'il voudrait par la famine; il engagea le prince de Condé à bloquer Paris. Le parlement, de son côté, se prépara à une vigoureuse défense, donna un arrêt par lequel il déclarait le cardinal Mazarin perturbateur du repos public et lui enjoignait de sortir du royaume; délivra des commissions pour lever des gens de guerre; et les ducs de Bouillon et d'Elbœuf lui étant venus offrir leurs services, il les donna pour lieutenants-généraux au prince de Conti, qu'il fit généralissime de ses troupes. En cette qualité, le prince de Conti envoya un homme de confiance à l'archiduc Léopold, pour le porter à joindre les forces des Espagnols à celles du parlement.

Telle était la situation des affaires, lorsque le cardinal Mazarin envoya ordre au vicomte de Turenne d'amener ses troupes aux environs de Paris, et que le duc de Bouillon lui écrivit pour l'engager à prendre le parti du parlement, lui représentant que le cardinal Mazarin faisait naître tous les jours de nouvelles difficultés pour empêcher la consommation de l'échange de Sedan, et que, s'il ne savait tirer avantage de l'armée, à la tête de laquelle il était, on n'aurait bientôt plus aucun égard pour sa maison. Chacun était fort en peine de savoir quel parti il prendrait. D'un côté, une conjoncture si favorable de revenir contre la cession forcée d'une souveraineté, faisait craindre qu'il ne voulût profiter de la division, et de l'autre, l'exacte probité dont il faisait profession donnait lieu de croire qu'il ne voudrait pas sacrifier son devoir au rétablissement de sa maison. Toute la France était dans l'impatience de voir à quoi il se déterminerait, lorsqu'on apprit qu'il s'était déclaré pour le parlement et qu'il avait pris le serment de tous les officiers des troupes qui étaient à ses ordres ; tant il est vrai qu'il arrivera plutôt que l'homme agisse contre son propre caractère, qu'on ne voie une vertu entièrement pure en ce monde.

Le parlement, ravi d'avoir le vicomte de Turenne de son côté, donna un arrêt par lequel il était enjoint *à tous officiers et sujets du roi d'obéir à ce général*, et par lequel il était ordonné qu'on ferait un fonds pour fournir à la subsistance de son armée. Mais le cardinal Mazarin, ayant envoyé Hervard à cette armée avec beaucoup d'argent, la plus grande partie des officiers et des soldats abandonnèrent le vicomte de Turenne.

Ce général, voyant qu'il ne pouvait rien exécuter de fort considérable avec le reste des troupes qui voulaient suivre sa fortune, se retira en Hollande, où il demeura jusqu'à la conclusion du traité de paix qui se fit, peu de temps après, entre le roi et le parlement. Par un des articles de ce traité, « le roi déclarait qu'en échange de la principauté de Sedan, il donnerait incessamment de ses domaines jusqu'à la concurrence de la valeur de ladite principauté; que ce qui lui avait été promis pour le rang de ceux de sa maison serait ponctuellement exécuté; que quand il disposerait du commandement de ses armées, il aurait égard au mérite du vicomte de Turenne, et qu'il le gratifierait même, en toutes sortes d'occasions, de ce qui lui conviendrait selon sa naissance. » Sur la foi de ce traité, le vicomte de Turenne partit de Hollande, et revint à la cour, où il arriva justement dans le temps que le cardinal Mazarin et le prince de Condé, voulant être chacun seul le maître, faisaient paraître quelque chose de si aigre et de si piquant, jusque dans les premières froideurs par où commença leur mésintelligence, qu'il était aisé de juger les conséquences qu'elle ne tarderait pas à avoir. Leur division partageant toute la cour, il n'y avait personne qui ne prît parti pour l'un ou pour l'autre. Le vicomte de Turenne seul demeurait neutre et ne s'était point encore déclaré pour aucun des deux.

Cependant notre armée d'Allemagne, ayant appris son retour en France, envoya à la cour des députés qui le demandèrent pour général, mais on ne jugea

pas à propos de lui confier sitôt un pareil emploi.
Turenne, regardant ce procédé comme une con-
travention à ce qu'on lui avait promis par le traité
de paix, et, s'en prenant au cardinal Mazarin, fit
auprès du prince de Condé quelques démarches par
lesquelles il semblait qu'il eût dessein d'entrer dans
son parti. Mais le cardinal Mazarin ne se mit point
en peine de rompre cette liaison, se persuadant que
la fortune éclatante où était alors le prince de
Condé lui attirait tous ses partisans; et que, quand
il aurait exécuté ce qu'il méditait contre ce prince,
on ne s'empresserait pas beaucoup à s'attacher à
lui. Il le fit arrêter avec le prince de Conti, son
frère, et le duc de Longueville, leur beau-frère, et
il les fit conduire tous trois au château de Vincennes.
Il envoya le marquis de Ruvigni au vicomte de
Turenne pour l'assurer de son amitié, lui pro-
mettre le commandement de l'armée de Flandre,
lui offrir une de ces nièces en mariage, et lui pro-
tester qu'il voulait désormais partager sa fortune
avec lui.

Mais le vicomte de Turenne, qui était bien éloigné
de régler ses affections sur la prospérité ou la dis-
grace des personnes, n'accepta aucune de ses offres.
Ce qui lui faisait prendre ce parti n'était ni la
naissance du prince de Condé, ni son rare mérite,
ni même les avances qu'il lui eût faites; car, bien
loin de le rechercher avec les empressements avec

lesquels, au jugement de tout le monde, il méritait
d'être recherché, il l'avait assez négligé ; mais il
suffisait qu'un homme fût persécuté ou malheureux, pour que le vicomte de Turenne se sentît
aussitôt porté, par son penchant naturel, à le
secourir.

Ainsi, dès qu'il vit les princes au pouvoir du
cardinal Mazarin, il sortit de Paris ; et, s'étant rendu
à Stenay, place forte sur la Meuse, qui appartenait
au prince de Condé, il invita tous les amis et toutes
les créatures de ce prince à l'y venir joindre. Le
cardinal Mazarin envoya après lui, ajoutant encore
de nouvelles promesses à celles qu'il lui avait faites ;
mais le vicomte de Turenne n'y voulut point entendre ; et, persévérant dans le dessein qu'il avait
formé, il vendit sa vaisselle d'argent pour lever des
troupes ; il employa au même usage les pierreries
de la duchesse de Longueville, qui les lui vint
apporter ; il fit tenter la fidélité des troupes qui
avaient servi sous lui en Allemagne, et il en dé-
baucha trois régiments qui vinrent le trouver. Il
proposa une ligue à l'archiduc Léopold, qui commença par demander qu'on lui remît la ville de
Stenay. Le vicomte de Turenne la lui refusa, ne
voulant point se dessaisir de l'unique place, où il
pouvait se retirer et se mettre hors du pouvoir des
Espagnols. On ne laissa pas néanmoins de conclure le traité, par lequel l'archiduc Léopold s'en-

gagea, pour le roi d'Espagne, à ne point faire la paix qu'on n'eût rendu la liberté aux princes; et le vicomte de Turenne promit de ne point mettre les armes bas que la France n'eût offert des articles de paix justes et raisonnables aux Espagnols.

Ce traité ayant été ratifié par le roi d'Espagne, le vicomte de Turenne et l'archiduc Léopold joignirent leurs troupes, à la tête de leur armée, qui était de dix-sept à dix-huit mille hommes; ils entrèrent en France par les frontières de la Picardie. Ils assiégèrent le Catelet, petite place à la source de l'Escaut, qu'ils prirent en trois jours; de là ils allèrent assiéger la ville de Guise; mais il tomba une telle abondance de pluie pendant ce siége, que les chemins en furent entièrement rompus; de sorte que les chariots destinés à voiturer des vivres aux assiégeants ne pouvant plus aller sans un nombre prodigieux de chevaux, et les Espagnols en ayant très-peu, la disette devint si grande dans leur camp, qu'ils furent obligés de lever le siége et d'aller chercher des vivres du côté de la Capelle.

La pluie ayant enfin cessé, le vicomte de Turenne et l'archiduc Léopold assiégèrent la Capelle, et s'en rendirent maîtres en dix jours. Après la prise de cette place, ils passèrent la rivière d'Oise. Le vicomte de Turenne s'avança avec trois mille chevaux jusqu'à Vervins, pour observer notre armée qui était à Marle. Mais le maréchal du Plessis-

Praslin, qui la commandait, en délogea aussitôt et se retira derrière les marais de Notre-Dame de Liesse.

Le vicomte de Turenne, se voyant maître de la campagne par la retraite de ce maréchal, alla prendre Réthel, Château-Porcien et Neufchâtel, passa la rivière d'Aisne, prit la ville de Fisme, força le maréchal du Plessis à s'aller enfermer dans Reims avec son armée, envoya prier l'archiduc Léopold de lui amener le reste des troupes, en posta un corps derrière la Marne, en fit avancer un autre à la Ferté-Milon, et s'étant ainsi rendu maître de tous les passages jusqu'à Paris, il se disposait à venir le lendemain investir le château de Vincennes, pour en tirer les princes, et il aurait peut-être exécuté ce dessein, si on ne les eût promptement transférés au château de Marcoussis, qui est entre Paris et Orléans.

Le vicomte de Turenne, ayant ainsi manqué son coup, fut obligé de rebrousser chemin, et ayant repassé l'Aisne avec son armée, il alla assiéger Mouzon sur la Meuse. La pluie qui tomba en abondance durant ce siége, et le peu d'artillerie qu'avaient les Espagnols, fut cause qu'il demeura sept semaines pour prendre cette place. L'archiduc Léopold ayant ramené ensuite le gros de l'armée hiverner en Flandre, le vicomte de Turenne demeura avec huit mille hommes sur la frontière, entre l'Aisne et

la Meuse, pour veiller à la conservation des places
qu'il avait prises sur ces deux rivières.

Quoique la saison fût déjà si avancée, le maréchal du Plessis et le cardinal Mazarin, qui l'était
venu joindre, ne laissèrent pas d'entreprendre le
siége de Rethel avec l'armée du roi, qui s'était
réposée durant toute la campagne, et qui, grossie
de plusieurs détachements que le cardinal Mazarin
y avait fait venir, se trouvait alors forte de dix-neuf
à vingt mille hommes. Le vicomte de Turenne laissa
investir cette place, et ne voulut marcher, pour la
secourir, que lorsqu'elle serait assiégée dans les
formes. Delliponti, le premier homme de ce temps-
là pour la défense des places, en était gouverneur.
Il y avait dedans dix-sept à dix-huit cents hommes
de garnison, et le vicomte de Turenne n'aurait eu
garde de croire qu'elle n'eût tenu que trois jours;
néanmoins, y étant arrivé le quatrième jour du
siége, il trouva que Delliponti l'avait lâchement
vendue et livrée, et que le maréchal du Plessis,
ayant aussitôt levé ses quartiers, avait réuni toutes
ses troupes en un seul corps d'armée, qui était même
déjà rangé en bataille.

Le vicomte de Turenne, n'ayant donc point d'autre
parti à prendre que celui de la retraite, retourne
au plus vite sur ses pas, fait quatre grandes lieues
sans s'arrêter, gagne la vallée du Bourg, et y fait
reposer son armée, après avoir toutefois laissé der-

rière lui quelques cravates pour le venir avertir en
cas que nous le poursuivissions, comme en effet
nous le fîmes ; car le maréchal du Plessis, ayant
entrepris de forcer le vicomte de Turenne à combattre ou à repasser la Meuse, marcha après lui
presque toute la nuit, si bien qu'à la pointe du
jour le vicomte de Turenne fut averti par les
cravates, que nous avancions avec toute la diligence possible, que nous n'étions pas fort éloignés
de lui.

Le vicomte de Turenne sort aussitôt de la vallée,
et prenant sur celle des deux hauteurs, qui est à
gauche lorsqu'on vient de Réthel, fit encore deux
grandes lieues, en se retirant avec son armée par
un brouillard si épais, que nous ne le voyions nulle-
ment, quoique nous marchassions de l'autre côté
du vallon ; sur la hauteur qui était à droite ; mais le
soleil dissipant peu à peu le brouillard, sur les dix
heures et demie, les deux armées, qui n'étaient
séparées que par le vallon, se découvrirent l'une
l'autre en même temps. Le vicomte de Turenne,
persistant dans le dessein de se retirer, continua sa
route, et le maréchal du Plessis, résolu de le
combattre, poursuivit aussi la sienne, marchant
aussi, plus d'une lieue durant, sur une colline paral-
lèle à celle où était le vicomte de Turenne. Il passa
ainsi le village de Semuyde et le bourg de Saint-
e ll   deux armées se côtoyant, tantôt à la

demi-portée de canon, tantôt à la simple portée
du mousquet, selon que la vallée était plus large
ou plus étroite. Il cherchait quelque passage aisé
par où il pût aller attaquer le vicomte de Turenne,
et il s'était déjà repenti plus d'une fois d'en avoir
laissé d'assez faciles, dans l'espérance d'en rencon-
trer de plus commodes, qu'il ne trouvait pourtant
point, lorsque voyant qu'il était midi, et qu'il n'y
avait plus guère que trois heures de soleil, il résolut
de passer le vallon de quelque manière que ce fût,
dans la crainte de ne plus retrouver le lendemain le
vicomte de Turenne, s'il lui laissait la nuit pour
se retirer. Il fit donc faire halte à son armée entre
le bourg de Saint-Etienne et le bourg de Sommepy,
dans la plaine nommée le *Blanc-Champ*, et commanda qu'on la mît en ordre de bataille, pendant
qu'il irait reconnaître le fond du vallon. Le vicomte
de Turenne, qui s'aperçut de ce mouvement, vit
bien qu'il allait être attaqué, et qu'il ne pouvait
absolument s'empêcher d'en venir aux mains avec
nous, quoique la partie fût fort inégale. Il avait un
grand avantage sur nous, en demeurant sur la
hauteur où il était, puisque nous ne pouvions venir
à lui qu'en montant; mais, d'un autre côté, notre
infanterie n'était point encore arrivée, et il lui était
avantageux de nous attaquer avant que nous eussions
toutes nos troupes ensemble : il balança quelque
temps ces deux avantages, et s'étant enfin déter-

miné à attaquer le premier, il passa le vallon, il
s'avança dans la plaine de Blanc-Champ avec son
armée, ou plutôt avec ce petit corps de troupes
qui lui tenaient lieu d'armée, et qui était composée
d'Allemands, de Lorrains et de Français; il n'avait
que huit mille hommes en tout, et ils furent bientôt
rangés en bataille. Il mit les Allemands à l'aile
droite avec le sieur de Lavau pour les commander,
les Lorrains à l'aile gauche avec les officiers, et les
Français au centre de ces deux ailes.

D'autre côté, le maréchal du Plessis avait aussi
rangé son armée, quoique toute son infanterie ne
fût pas encore arrivée. Il avait donné le commandement de son aile droite au marquis de Villequier,
et celui de l'aile gauche au marquis d'Hocquincourt, tous deux lieutenants-généraux, et il s'était
mis au milieu de la première ligne, à la tête du
corps de bataille; il avait avec lui les vieux régiments allemands qui avaient servi sous le vicomte
de Turenne, et son armée était de quinze à seize
mille hommes.

Les choses étant dans cette disposition, les deux
armées commencèrent à s'approcher fort près l'une
de l'autre. Le vicomte de Turenne, à la tête de
son aile gauche, chargea l'aile droite du maréchal
du Plessis; et de cette première charge furent tués,
de notre côté, le fils aîné du maréchal du Plessis,
et le prince palatin, du côté des Espagnols. Il est

vrai que le vicomte de Turenne enfonça l'aile droite
du maréchal du Plessis ; mais il lui fallut faire pour
cela de si grands efforts que ses escadrons ne se
trouvèrent guère moins rompus que les nôtres ; de
sorte qu'ayant été obligé de reculer pour se remettre
en ordre, le maréchal du Plessis eut aussi le temps
de se rallier, et la contenance avec laquelle il se
préparait à soutenir un second choc faisant juger
au vicomte de Turenne qu'il ne trouverait pas moins
de résistance qu'au premier, il fit mettre les deux
lignes de l'aile où il était en une seule ; et ayant
fondu sur nous avec encore plus de vigueur que la
première fois qu'il nous avait chargés, il rompit
entièrement nos escadrons, et se rendit maître de
notre canon. Mais il n'en allait pas de même à son
aile droite.

Le sieur de Lavau, qui la commandait, eut bien
quelque avantage, à la première charge, sur le
marquis d'Hocquincourt, qui commandait la gauche
de notre armée ; mais à la seconde charge, ayant
été fait prisonnier, et les Allemands, qui étaient
de ce côté-là, ayant pris la fuite, le marquis d'Hocquincourt détacha un officier-général avec quelques
escadrons après eux pour les poursuivre ; et, ayant
mené le reste de son aile victorieuse au secours du
maréchal du Plessis, nous chargeâmes à notre tour
le vicomte de Turenne avec beaucoup de vigueur ;
et ce fut là que le fort de la bataille étant tombé,

on combattit avec tout l'acharnement qu'on voit dans les combats les plus opiniâtres et les plus sanglants. Les escadrons de l'un et de l'autre parti furent plusieurs fois rompus, se rallièrent autant de fois, et revinrent toujours à la charge. Le vicomte de Turenne fit un ravage effroyable dans notre armée avec son canon chargé à cartouches, à la tête de son bataillon. Mais le maréchal du Plessis, qui avait là l'élite de ses deux ailes, ayant encore joint sa seconde ligne à la première, tomba d'abord très-rudement sur le vicomte de Turenne, et étendant ensuite sa droite et sa gauche autour de ce général, l'enveloppa d'une si grande multitude de troupes, qu'il se trouva, avec le seul la Berge, son capitaine des gardes, au milieu de notre camp.

Huit cavaliers qui le reconnurent, voulurent se saisir de lui ; mais en ayant mis quelques-uns hors de combat, il se débarrassa fort vigoureusement du reste. A peine était-il sauvé de ce danger, qu'il fût arrêté par quelques autres de nos soldats, qui, l'ayant vu aux prises avec les huit cavaliers, jugèrent qu'il devait être de l'armée ennemie ; mais la Berge leur ayant dit qu'ils étaient de l'armée de France, et que ces huit cavaliers étaient des Allemands, qui ne les avaient voulu tirer que parce qu'ils ne les connaissaient point, ils laissèrent aller le vicomte de Turenne, qui n'aurait jamais pu leur échapper, s'il eût été obligé d'en venir une seconde

fois aux mains , car son cheval était blessé de cinq
coups. Il marcha encore longtemps au petit pas, et
rencontra enfin un officier de ses troupes , qui lui
prêta un cheval, avec lequel il arriva à l'endroit où
il avait rangé son armée en bataille. Les deux lignes
avaient été entièrement rompues ; la cavalerie lorraine et allemande était en fuite ; leur artillerie
avait été prise, et don Estevant de Gamarre, qui la
commandait, fait prisonnier. Toute son infanterie
avait jeté les armes bas, excepté le seul régiment de
Turenne , qui s'était fait hacher en pièces , de sorte
qu'il n'eut pas d'autre parti à prendre que celui de
ramener les débris de son armée.

Il donna ordre qu'on menât dans le duché de
Luxembourg ce qu'on pourrait sauver. Comme il
ne restait pas encore une heure de jour, et que les
troupes du maréchal du Plessis étaient extrêmement
fatiguées, le vicomte de Turenne fut faiblement
poursuivi dans sa retraite ; et, n'ayant perdu en
tout que la moitié de son armée , il retrouva encore
quatre mille hommes qu'on lui ramena à Montmédy, ville du Luxembourg, où il se rendit le
lendemain du combat. Il se retira dans cette place
plutôt qu'à Stenay , dont il était le maître, afin
qu'on ne s'imaginât pas qu'il voulût abandonner les
Espagnols, par la mauvaise opinion qu'il pouvait
avoir du parti, depuis la perte de la bataille ; ce que
l'archiduc Léopold ayant appris , il lui en sut si bon

gré, qu'il lui envoya un pouvoir pour nommer à toutes les charges qui vaquaient par la mort des officiers qui avaient été tués dans le combat, et pour donner aux troupes qui lui restaient des quartiers en tel endroit des terres du roi d'Espagne qu'il voudrait. Il lui envoya même, peu de temps après, cent mille écus sur la somme qu'il lui avait promise par le traité fait entre eux ; mais le vicomte de Turenne, ayant reçu alors des lettres par lesquelles on lui mandait qu'on travaillait fortement à la liberté des princes, renvoya les cent mille écus, ne croyant pas pouvoir avec justice prendre l'argent des Espagnols dans un temps où il estimait que son engagement avec eux allait finir. Le cardinal Mazarin en avait agi avec tant de hauteur, depuis la victoire de Réthel, que sa fierté avait réveillé la haîne publique, de manière que la reine, voyant tout le monde réuni contre lui, fut enfin obligée à le faire sortir du royaume et à remettre les princes en liberté.

Turenne, ayant appris cette nouvelle à la Roche en Ardennes où il était, se retira à Stenay, d'où il écrivit à l'archiduc Léopold, pour l'assurer qu'il ne sortirait point de cette place qu'il n'eût exécuté ce à quoi il s'était engagé par le traité qu'il avait fait avec les Espagnols, à savoir, *de ne point mettre les armes bas que la France n'eût offert à l'Espagne des articles de paix justes et raisonnables.*

Il écrivit aussi en même temps au prince de Condé, pour le prier de faire en sorte que la cour envoyât incessamment une personne de considération à Stenay, avec ordre d'y travailler à la paix, lui représentant que, sans cela, il ne pouvait se retirer honnêtement d'avec les Espagnols. Le prince de Condé ayant sollicité fortement cette affaire, la reine régente envoya à Stenay le sieur de Croissy, conseiller du parlement; et le sieur Friquet y étant aussi venu de la part de l'archiduc Léopold, le vicomte de Turenne pressa si fort la négociation, que la France offrit d'abandonner la Catalogne, de ne plus se mêler des affaires du roi de Portugal, et d'envoyer sur la frontière le duc d'Orléans, avec un plein-pouvoir de conclure la paix si les Espagnols y voulaient aussi envoyer l'archiduc avec le même pouvoir. Mais le roi d'Espagne refusa de le faire; et le vicomte de Turenne l'ayant en vain sollicité pendant deux mois pour cela, il se crut suffisamment dégagé d'avec les Espagnols, de sorte qu'après les avoir remerciés avec toute la reconnaissance possible de l'assistance qu'ils lui avaient donnée, et des manières honnêtes avec lesquelles ils en avaient toujours usé envers lui, il partit pour Paris; et ayant appris en chemin que les princes et plusieurs grands du royaume voulaient venir au-devant de lui, il prit si bien ses mesures qu'il arriva un jour plus tôt qu'on ne l'attendait, pour ne pas

recevoir les honneurs d'un si grand éclat, à la vue
de toute la cour; estimant que ç'aurait été insulter
en quelque manière à la faiblesse du prince, forcé
à le bien recevoir au retour d'une guerre où il
venait de porter les armes contre lui, que d'entrer
d'une manière si brillante dans la capitale de ses
états, et que la majesté royale, si fort humiliée,
exigeait au moins la bienséance d'un air modeste
dans ses sujets qui triomphaient si visiblement du
souverain.

Peu de temps après, le prince de Condé, se
plaignant de ce que l'esprit du cardinal Mazarin
régnait toujours dans le conseil malgré son éloignement, rompit ouvertement avec la cour, et fit
tout ce qu'il put pour engager le vicomte de Turenne dans ses intérêts, offrant de lui donner
Stenay, et promettant de faire rétablir le duc de
Bouillon dans sa souveraineté de Sedan. Mais la
reine, qui avait encore la même autorité pour le
gouvernement, quoique le roi eût été déclaré
majeur, voulant aussi, de son côté, gagner le vicomte de Turenne, fit passer au parlement l'échange
de Sedan, et par là donna la dernière main à la
consommation de cette grande affaire; de sorte que
le prince de Condé étant allé dans son gouvernement
de Guienne pour se préparer à la guerre, et la reine
ayant mené le roi à Poitiers pour être plus à portée
d'observer les démarches du prince de Condé, le

vicomte de Turenne, qui n'avait plus aucun lieu de
se plaindre de la cour, partit de Paris et alla offrir
ses services à la reine.

Comme le maréchal d'Hocquincourt avait déjà
été mis à la tête de l'armée, la reine fit demander
au vicomte de Turenne s'il voudrait bien la commander conjointement avec ce maréchal. On doutait
que le vicomte de Turenne voulût s'accommoder de
cette association ; mais ce prince, entrant dans la
nécessité où la cour était alors de ménager toutes les
personnes de service, ne voulut pas qu'on dégoûtât
un homme de ce mérite-là, en le dépouillant tout
à fait du commandement, et se contenta de le partager avec lui.

Cependant le prince de Condé fortifiait de jour
en jour son parti ; et la reine, ayant su qu'il avait
fait un traité avec les Espagnols, rappela auprès
d'elle le cardinal Mazarin pour se servir de ses conseils, et lui redonna l'administration générale de
toutes les affaires. Le rétablissement de ce ministre
irrita de telle sorte le parlement de Paris qu'il mit
sa tête à prix, et que le duc d'Orléans se déclara
pour le prince de Condé, dans le parti duquel entrèrent le prince de Tarente, les ducs de Beaufort,
de Nemours et de Rohan, les comtes de Tavannes
et de Marsin, et plusieurs autres personnes considérables, qui, ayant levé des troupes chacune de
leur côté, trouvèrent le moyen de faire une armée

de quatorze à quinze mille hommes, qu'ils menèrent
aux environs de Montargis.

Le prince de Condé, ayant appris cette agréable
nouvelle, partit aussitôt de Guienne pour venir
joindre cette armée, avec laquelle il se promettait
de défaire aisément celle du roi, qui était fort inférieure.

Le roi avait alors quitté Poitiers pour se rendre à
Saumur dans l'Anjou; et le cardinal Mazarin ayant
jugé à propos de mener la cour le plus près qu'il se
pourrait de Paris, pour maintenir dans le devoir
cette grande ville qui donne ordinairement le branle
au reste du royaume, il fut résolu qu'on marcherait
de Saumur, où l'on était, jusqu'à Gien, en remon-
tant la Loire, pour s'assurer des villes qui sont
situées sur cette rivière. Tours, Amboise, Blois et
toutes les autres places, donnèrent au roi des marques de leur obéissance, et il n'y eut que la seule
ville d'Orléans qui lui ferma ses portes, à la sollici-
tation de Mademoiselle, fille du duc d'Orléans, qui
l'y avait envoyée exprès pour cela.

Comme on approchait fort des quartiers de l'armée ennemie, le vicomte de Turenne fut chargé
de couvrir la marche de la cour et de veiller à sa
sûreté. Aussitôt qu'il eut reçu cet ordre, il partit
avec seulement vingt ou vingt-cinq personnes, pour
aller reconnaître l'état de Gergeau, petite ville
entre Orléans et Gien, sur le pont de laquelle les

ennemis auraient pu passer la Loire, et surprendre
la cour dans sa marche. Ce pont avait deux portes,
l'une à la droite de la rivière, du côté où était
l'armée ennemie, et l'autre du côté de la ville,
sous les murailles de laquelle la cour devait passer,
et il y avait un petit pont-levis devant cette porte.
Les ennemis, qui voyaient l'importance des suites
que pouvait avoir pour eux la prise de ce passage,
y avaient envoyé le baron Sirot, lieutenant général,
avec un corps de troupes pour s'en rendre maître;
et lorsque le vicomte de Turenne y arriva, il entendit un grand bruit du canon et de la mousqueterie
des ennemis, qui avaient déjà forcé la porte qui
était au delà de la rivière, et cassé les chaînes du
pont-levis, et qui n'avaient plus que la porte de la
ville à enfoncer pour entrer dedans.

Le vicomte de Turenne, voyant que tout était
perdu si les ennemis venaient à bout de leur entreprise, et résolu de périr, s'il le fallait, pour sauver
le roi d'un danger si imminent, envoya ordre à
quelques régiments qui étaient à deux lieues de là
de venir en diligence. Il ordonna aux soldats de la
garnison de la ville, qui n'avaient ni balles ni pou-
dre, de se faire voir sur les remparts avec leurs
mousquets. Il fit en même temps ouvrir la porte
du pont; il mit pied à terre avec le peu de gens
qu'il avait; et, se tournant vers le rempart de dessus
le pont-levis, il cria de toute sa force aux soldats

qu'il leur défendait de tirer sans son ordre, sous peine de la vie, afin que les ennemis l'entendant crussent qu'ils avaient de quoi tirer.

Après cela, ayant ordonné qu'on fît une barricade la plus forte qu'on pourrait devant le pont-levis, il s'avança jusqu'au milieu du pont pour couvrir ce travail, s'abandonnant à tout le feu des ennemis, qui lui tuèrent dix à douze de ses domestiques à ses côtés et blessèrent presque tous les autres; la barricade ayant été achevée, il se mit derrière en attendant ses troupes.

Le baron de Sirot fit en vain tout ce qu'il put pour forcer cette barricade. Le vicomte de Turenne la défendit pendant deux heures entières, au bout desquelles le secours qu'il avait envoyé chercher étant venu, il la défit lui-même; il chargea l'épée à la main les troupes du baron de Sirot; il les chassa du logement où elles étaient établies; il les poussa au delà de la rivière, dans une seconde charge où le baron de Sirot fut tué, il rompit le pont; et, ayant ôté par là aux ennemis toute espérance de passer, il alla rejoindre la cour, en présence de laquelle la reine dit tout haut qu'il venait de sauver l'état. En effet, jamais le roi n'avait couru un si grand danger; et la sûreté de sa personne et de tout l'état dépendait tellement du succès de cette affaire, que si les ennemis eussent emporté Gergeau, ils auraient enlevé toute la cour sans aucun obstacle,

Gergeau ayant été ainsi sauvé, le roi marcha à Gien; et l'armée y ayant passé la Loire, le vicomte de Turenne et le maréchal d'Hocquincourt, qui commandaient chacun la moitié des troupes, allèrent se poster, le premier à Briare, et le second à Bleneau avec l'infanterie; et répandirent la cavalerie en divers quartiers aux environs, afin qu'elle pût subsister plus commodément pour les fourrages, n'y ayant point encore d'herbe sur la terre.

Le lendemain, le vicomte de Turenne, étant allé dîner à Bleneau avec le maréchal d'Hocquincourt, et ayant vu par occasion la disposition de ses quartiers, qui étaient extrêmement éloignés les uns des autres, lui dit « qu'il ne pouvait s'empêcher de lui témoigner qu'il le trouvait bien exposé, et qu'il lui conseillait de resserrer ses quartiers. » A quoi le maréchal d'Hocquincourt répondit « qu'il n'y avait rien à craindre, et qu'en faisant une bonne garde, on remédierait à tout. » Le vicomte de Turenne, n'ayant répliqué rien autre chose, sinon « qu'il ne présumait pas assez de lui-même pour prétendre lui donner des avis, » s'en retourna à son poste de Briare; et la nuit suivante on vint lui dire que le prince de Condé, qui était alors à la tête de l'armée ennemie, ayant forcé la garde avancée du maréchal d'Hocquincourt, avait pénétré jusqu'aux quartiers qui étaient les plus éloignés.

À cette nouvelle, le vicomte de Turenne, prenant l'infanterie qu'il avait auprès de lui, résolut d'aller promptement au secours du maréchal d'Hocquincourt, quelque danger qu'il y eût pour lui à se mettre en marche sans sa cavalerie, à qui il envoya ordre de le venir joindre en diligence à Ouzouer, entre Bleneau et Gien, où il fallait nécessairement qu'il allât se poster, afin de mettre la cour hors d'insulte. Malheureusement pour lui, il ne put trouver aucun guide; de manière que la nuit étant très-obscure, il devait craindre de donner à tous moments dans les troupes du prince de Condé. Il fallait donc qu'il s'arrêtât presque à chaque pas pour écouter les tambours et les timballes, et voir si nous ne nous approchions point trop des ennemis. Ayant marché dans ces inquiétudes durant toute la nuit, enfin il se trouva à la pointe du jour dans une fort grande campagne, où la cavalerie l'était venu joindre; il vit deux ou trois des quartiers du maréchal d'Hocquincourt en feu, et il apprit que le prince de Condé en avait enlevé cinq de suite, pillé tous les bagages, forcé l'infanterie à se renfermer dans Bleneau, et poussé la cavalerie trois ou quatre lieues vers la Bourgogne. La nouvelle de cette défaite répandit l'alarme dans la ville de Gien, et jeta la cour dans la dernière consternation. On crut que le roi allait être enlevé par le prince de Condé; on ne savait où le sauver, et le conseil,

auquel assista le maréchal du Plessis-Praslin, déli-
bera sur la proposition qui lui fut faite de le mener
promptement à Bourges, et de rompre le pont de
Gien dès qu'il aurait passé la Loire.

Cependant le vicomte de Turenne, jugeant qu'il
aurait bientôt le prince de Condé sur les bras,
cherchait quelque poste avantageux où il pût l'arrêter seulement pendant un jour, pour donner le
temps au maréchal d'Hocquincourt de rassembler
les troupes dispersées ; tous les officiers généraux,
au contraire, étaient d'avis qu'au lieu d'attendre
avec des forces si inégales l'armée victorieuse, il
fallait retourner vers Gien pour mettre la personne
du roi en sûreté, soutenant que c'était le seul parti
qu'il y eût à prendre dans cette extrémité. Mais
le vicomte de Turenne, persistant dans son dessein,
marchait toujours en avant. Fortement occupé du
soin de pourvoir à un si grand danger, il n'écoutait
personne ; ainsi, sans rien répondre, il donnait
ses ordres, et se hâtant de gagner un endroit qu'il
avait remarqué la veille en revenant du quartier du
maréchal d'Hocquincourt, et qu'il croyait tout à fait
propre pour exécuter ce qu'il avait envie de faire,
il pressait les troupes, qui allaient déjà à grands
pas, de hâter encore leur marche, tellement qu'é-
tant arrivé à ce poste qu'il cherchait, il résolut d'y
attendre les ennemis.

La Berge, son capitaine des gardes, vint lui dire

là que chacun murmurait, et qu'on croyait qu'il
allait tout perdre s'il ne retournait au plus tôt à la
personne du roi pour le sauver. « Il faut, répondit
Turenne, vaincre ou périr ici. » Le prince de Condé
avait quatorze mille hommes, et lui n'en avait que
trois mille cinq cents. Néanmoins il envoya dire
au cardinal Mazarin que le roi pouvait demeurer
à Gien en assurance.

D'autre part, le prince de Condé, qui venait de
défaire le maréchal d'Hocquincourt, ne croyant pas
que le vicomte de Turenne osât l'attendre, s'avançait vers Gien, à dessein d'y envelopper le roi et
toute la cour, et il fut fort surpris lorsque, étant
arrivé au bout de la chaussée opposée à celui où
était le vicomte de Turenne, il le vit arrêté là, de
manière qu'il semblait vouloir lui disputer le passage. Il est certain que s'il avait eu la liberté, de
mettre toute son armée en bataille dans le même
côté de la plaine où était le vicomte de Turenne,
il l'aurait taillé en pièces, et il eût pu passer également par sa droite et par sa gauche, en faisant
le tour du marais ou du bois; mais le vicomte de
Turenne, voulant l'empêcher d'y faire réflexion,
et l'engager à entrer dans la plaine, en passant par
la chaussée, sans lui laisser le temps d'examiner
s'il ne pouvait point aller d'une manière plus sûre
par un autre endroit, leva tout d'un coup son camp,
et, reprenant le chemin de Gien, il fit marcher ses

troupes avec la même vitesse que s'il avait pris la fuite.

Le prince de Condé, persuadé qu'il se sauvait à Gien, enfila aussitôt la chaussée pour le poursuivre. Le vicomte de Turenne, de son côté, ravi de le voir donner dans le piége, continuait à fuir devant lui; mais ne voulant pas laisser passer plus de troupes qu'il n'en pouvait battre, il fit enfin tout d'un coup volte-face, et marcha, l'épée à la main, aux ennemis. Le prince de Condé, qui vit bien alors qu'il s'était laissé surprendre, envoya ordre à ses troupes de passer au plus vite; mais le vicomte de Turenne, ayant prévu ce mouvement, avait fait pointer tout son canon droit à la chaussée, si bien que le canon emportant des files entières de ceux qui la repassaient, elle fut bientôt toute couverte de morts.

Cependant la cour était dans de grandes inquiétudes touchant le succès de cette journée, quelque chose que le vicomte de Turenne lui eût fait dire pour la rassurer. On envoyait des gens à tous moments pour savoir des nouvelles de ce qui se passait. On commençait à défendre l'appartement de la reine; les équipages avaient même passé le pont, et les pionniers se tenaient tout prêts à le rompre, pour mettre la Loire entre le roi et les ennemis, lorsqu'on apprit que le prince de Condé, ayant manqué son coup, s'était retiré avec son armée,

et que le vicomte de Turenne revenait à Gien sans
avoir perdu un seul homme. Le roi, le cardinal
Mazarin et toute la cour lui donnèrent mille
marques de reconnaissance; et la reine, rendant
témoignage à ce qui lui était dû pour un si important service, dit encore devant tout le monde,
qu'il venait de remettre une seconde fois la couronne
sur la tête de son fils.

Le prince de Condé se plaignit fort du malheur
qui lui avait justement fait trouver en son chemin
le seul homme du monde qui le pouvait empêcher
de mettre fin à la guerre de ce jour-là; et, laissant
son armée sous les ordres du comte de Tavannes,
il s'en alla à Paris pour y rassurer ses partisans,
qui étaient fort ébranlés de ces deux grands coups,
par lesquels le vicomte de Turenne venait de donner tant de réputation aux armes du roi.

Le cardinal Mazarin fit faire une relation de cette
heureuse journée où, reprenant les choses dès la
veille, il commençait par le conseil que le vicomte
de Turenne avait donné au maréchal d'Hocquincourt de rapprocher ses quartiers; mais le vicomte
de Turenne, ayant vu cette relation avant qu'on
l'imprimât, pria le cardinal Mazarin d'ôter cet ar-
ticle, lui représentant que ce maréchal avait déjà
assez de chagrin d'avoir été battu, sans l'augmenter
encore par une circonstance si mortifiante; et l'ar-
ticle fut ôté à sa prière, pendant que le maréchal

d'Hocquincourt, voulant rejeter sa faute sur le vicomte de Turenne, se plaignait hautement de ce
qu'il n'était pas venu assez tôt à son secours, et
faisait tout ce qu'il pouvait pour lui imputer sa
défaite ; ce qui ayant été rapporté au vicomte de
Turenne, il ne dit autre chose, sinon : « Qu'un
homme aussi affligé que l'était ce maréchal, devait
avoir au moins la liberté de se plaindre. »

Après une brillante affaire sous Etampes, Turenne résolut d'aller assiéger cette ville, ou plutôt
l'armée qui y était renfermée. Cette armée était
de six mille hommes, et il n'en avait que sept mille
cinq cents. Tout le monde regarda ce siége comme
l'entreprise la plus téméraire ; mais le prince de
Condé, qui connaissait mieux que personne la capacité et la prudence du vicomte de Turenne, en
jugea autrement. L'armée, qui était dans Etampes,
était tout ce qui lui restait de troupes ; il manda à
l'archiduc Léopold que, s'il ne lui envoyait promptement du secours, son parti allait être entièrement détruit. L'archiduc, voyant le pressant danger où il était, fit marcher en diligence vers Paris
le duc de Lorraine, qui, dépouillé de ses états,
n'avait pour tout bien que neuf à dix mille hommes
de troupes, qu'il s'était engagé d'employer au service du roi d'Espagne pour cette année-là.

A cette nouvelle, le vicomte de Turenne leva le
siége d'Etampes, vint passer la Seine à Corbeil,

traversa la forêt de Senart, et s'approcha le plus près qu'il put du duc de Lorraine. Ce prince s'était campé sur la hauteur de Villeneuve-Saint-Georges, posté très-avantageux, où il avait devant lui la rivière d'Yerre, à sa gauche un bois, et à sa droite la Seine, sur laquelle il faisait faire un pont, afin que son armée et celle du prince de Condé se pussent joindre. Le vicomte de Turenne, ayant reconnu cette disposition, alla sur le soir passer l'Yerre auprès de Brunoy, marcha toute la nuit autour de Grosbois, et, ayant gagné le derrière du camp des ennemis à la pointe du jour, il se disposa à aller les attaquer, quoiqu'il eût trois mille hommes moins qu'eux. Le duc de Lorraine, qui ne subsistait plus que par le moyen de ses troupes, ne voulant pas les exposer au sort d'une bataille, lui envoya demander quartier. Le vicomte de Turenne, sachant que l'armée d'Etampes venait joindre les Lorrains, et craignant qu'elle ne parût à tous moments, demanda au duc de Lorraine qu'il lui livrât son pont sur-le-champ, et qu'il sortît de son poste à l'heure même, pour s'en retourner d'où il était venu; et, s'avançant toujours plus près, pour achever de le déterminer, le duc, qui vit bien qu'il allait charger, livra son pont, qui fut aussitôt rompu, et donna des otages pour assurance qu'il sortirait du royaume à jours comptés et par la route qu'il lui serait prescrite. Au même instant, il commença à faire dé-

filer ses troupes devant le vicomte de Turenne,
qui demeura en bataille jusqu'à ce qu'elles fussent
entièrement sorties de leurs retranchements. L'armée d'Etampes, qui arriva alors de l'autre côté de
la Seine, voyant le pont rompu et le duc de Lorraine parti, se retira à Villejuif, où le prince de
Condé étant venu en prendre le commandement,
il la mena à Saint-Cloud. Il la fit camper le long
de la rivière jusqu'à Surène, et s'étant assuré du
pont de Saint-Cloud ; il crut n'avoir rien à craindre
dans ce poste, quoiqu'il n'eût plus que cinq mille
hommes.

Mais le vicomte de Turenne, de concert avec le
maréchal de La Ferté, le força bientôt à quitter ses
positions et le poursuivit jusqu'à Paris ; il joignit
l'arrière-garde de son armée au faubourg St-Martin,
et l'ayant fait charger, l'alarme se répandit en un
moment jusqu'à l'avant-garde, qui était déjà bien
près du faubourg Saint-Antoine.

Le prince de Condé, voyant alors qu'il lui était
impossible de se retirer sans coup férir, fait faire
halte ; et les Parisiens ne voulant pas recevoir ses
bagages dans la ville, il les fait mettre le long du
fossé ; il fortifie les retranchements et les barrières
autant que le temps le peut permettre ; il fait faire
des barricades et des traverses au milieu des rues ;
il fait percer les maisons, et y loge des mousquetaires qui puissent tirer par tous les endroits par où

il peut être attaqué, et il en donne le commandement à des officiers également distingués par leur
expérience ; établit sa place d'armes devant la porte
de la ville, et prend toutes les précautions nécessaires pour une vigoureuse défense.

Cependant le vicomte de Turenne avait continué
de charger l'arrière-garde de l'armée ennemie, en
la suivant le long des faubourgs, et était enfin arrivé
à celui de Saint-Antoine, où il voulait demeurer
sans combattre jusqu'à ce que le maréchal de La
Ferté l'eût joint, afin qu'attaquant ensemble le
prince de Condé, l'un du côté de Rambouillet, et
l'autre du côté de Popincourt, il ne pût absolument
échapper ; et de cette sorte sa défaite paraissait
infaillible.

Pour avoir une idée juste du terrain qui servit
de scène à cette grande action, il faut se figurer le
faubourg Saint-Antoine comme une espèce de patte
d'oie, dont la partie la plus large s'étend du côté
de la campagne, et va toujours en se resserrant
du côté de la porte de la ville. Tout cet espace est
divisé par cinq rues, dont trois grandes le per-
cent de part en part, savoir, la grande rue qui est
au milieu du faubourg, et qui va depuis la porte
jusque dans la campagne, la rue de Charenton,
qui est sur la droite, et la rue de Charonne sur la
gauche.

Le vicomte de Turenne, qui connaissait parfai-

tement ce faubourg, commença par étendre son
armée sur une seule ligne courbe, depuis le bas
de Charonne jusqu'à la rivière de Seine, pour ne
laisser aucune issue libre aux troupes du prince de
Condé. Après cela il fit plusieurs détachements pour
les attaques qu'il ordonna de faire à la tête de chaque
rue, lorsqu'on aurait forcé les premiers retranchements. Il commanda qu'on eût soin de s'assurer des
rues de traverse, à mesure qu'on avancerait dans le
faubourg, afin que les divers corps de troupes pussent se prêter la main l'un à l'autre dans les grandes
rues et s'entre-secourir.

Ayant donné ses ordres pour toutes les autres
choses qu'il jugea à propos, il marcha aux retranchements des ennemis qui faisaient un feu terrible;
il les chassa par un feu supérieur, fit combler les
retranchements, et se trouvant à l'entrée du faubourg, s'avança vers la grande rue, dont il s'était
destiné l'attaque. Il en fit abattre la barrière à coups
de hache, en força même la barricade, malgré la
vigoureuse résistance de ceux qui la défendaient, et
marchant en bataille dans cette grande rue, en ren-
versant tout ce qui se trouvait sur son passage, il
allait emporter les traverses, derniers retranchements des ennemis, lorsque le prince de Condé,
estimant qu'il devait marcher lui-même pour re-
pousser le vicomte de Turenne, ramassa autour de
ui tous les volontaires gentilshommes qui étaient

à son service, et à la tête de ce corps de cavalerie, ayant fondu sur les troupes du roi, il les fit plier et les ramena battant jusqu'à la barricade, derrière laquelle le vicomte de Turenne, ayant pris des gens frais, pendant que le prince de Condé faisait reprendre haleine aux siens, passa une seconde fois la barricade, taillant en pièces tous ceux qui se présentaient devant lui. Il força toutes les traverses, et il avait déjà pénétré jusqu'à l'abbaye de Saint-Antoine, qui est au milieu du faubourg; mais le prince de Condé, étant venu fondre sur lui avec un escadron choisi, le fit encore reculer jusqu'au-delà de la grande barricade.

Le vicomte de Turenne revint une troisième fois à la charge, entra encore très-avant dans la rue, et trouvant toujours le prince de Condé devant lui, fut encore repoussé. On ne saurait combattre avec plus d'opiniâtreté qu'on ne le fit en cet endroit. Les maisons de cette rue furent prises et reprises par les deux partis. Le prince de Condé et le vicomte de Turenne essuyèrent souvent le feu des mousquetaires qui étaient dedans. Jamais deux généraux n'en vinrent aux prises de plus près que ne firent là ces deux grands hommes. Ils se mêlèrent, l'épée à la main, à toutes les charges qui furent faites. Ils se trouvèrent partout au milieu du feu des armes. Ils combattirent souvent à la portée du pistolet, et tous deux étaient couverts de sang. Les autres attaques se firent et furent soutenues avec la même vigueur.

La confusion fut si grande en quelques endroits, que deux escadrons du prince de Condé, se prenant pour ennemis, se chargèrent l'un l'autre, pendant que ceux du vicomte de Turenne donnaient également sur tous les deux. Les comtes de Bossut et de Castres, les marquis de Flammarin et de la Roche-Giffart y furent tués du côté du prince de Condé, et le duc de la Rochefoucault y reçut un coup de mousquet dont il pensa perdre la vue. Du côté de l'armée du roi, les marquis de Saint-Maigrin et de Nantouillet furent tués, et le marquis de Mancini, neveu du cardinal Mazarin, blessé à mort. Enfin, le vicomte de Turenne, après avoir bien des fois avancé et reculé dans la grande rue, voyant qu'il ne pouvait venir à bout de forcer ce gros de gens de qualité et de braves qui étaient autour du prince de Condé, affaiblit adroitement son attaque pour fortifier celle du comte de Navailles, qui combattait à sa gauche dans la rue de Charenton, de sorte que le comte de Navailles, ayant forcé les barricades et les traverses, se voyait maître de toute la rue, et allait prendre le prince de Condé par-derrière pour l'envelopper, si ce prince, averti qu'il allait être coupé, n'eût promptement gagné sa place d'armes. Les troupes du prince de Condé, rebutées de tant d'attaques, refusèrent d'avancer

et ne lui voulurent plus obéir. Le canon du vicomte
de Turenne étant arrivé en ce moment, il le fit
pointer à la tête de chaque rue, où personne n'osa
plus paraître; et toute l'armée du prince de Condé
s'étant réfugiée contre la porte de la ville, le vicomte de Turenne fit avancer son canon, et allait
faire un carnage épouvantable de toutes ces troupes
ainsi serrées et ramassées, lorsque les Parisiens,
qui jusque-là étaient demeurés spectateurs neutres
entre les deux partis, voyant l'extrémité où était
réduit le prince de Condé, se déclarèrent en sa
faveur et lui ouvrirent les portes de la ville. Le
maréchal de la Ferté, qui arriva alors, ayant joint
le corps qu'il commandait au vicomte de Turenne,
ce prince allait suivre les ennemis jusque dans la
ville, où ils se sauvaient avec beaucoup de désordre;
mais le canon de la Bastille ayant tiré sur l'armée
du roi, le vicomte de Turenne fut obligé de se
retirer.

Le prince de Condé, ayant passé en travers de
Paris avec son armée, la mena au-delà du faubourg
Saint-Victor, vers la Salpétrière, entre la Seine et la
rivière de Bièvre ou des Gobelins, et s'étant retranché entre ces deux rivières, de telle sorte qu'on ne
pouvait ni le forcer, ni affamer son armée, qui avait
derrière elle Paris, d'où elle tirait abondamment
toutes sortes de subsistances, il écrivit à l'archiduc
Léopold, pour lui représenter qu'il n'était plus en

état de tenir la campagne, et que s'il ne lui envoyait
de plus puissants secours que par le passé, il ne
pouvait pas résister à l'armée du roi. L'archiduc,
craignant que le prince de Condé n'abandonnât le
parti s'il ne lui accordait tout ce qu'il demandait,
lui envoya aussitôt son armée de Flandre, sous les
ordres du comte de Fuensaldaigne, et engagea en
même temps le duc de Lorraine, qui était resté sur
les frontières, à marcher avec ses troupes. Ces deux
armées réunissaient plus de vingt mille combattants;
elles avaient ordre de joindre le prince de Condé,
et d'aller ensuite accabler l'armée du roi, qui n'était
que de huit mille hommes.

Mazarin n'eut pas plus tôt appris ce dessein, qu'il
crut que tout était perdu. Il voulut traiter avec le
prince de Condé; mais ce prince, qui, à l'approche de tant de troupes, se flattait d'être bientôt
en état de lui faire la loi, n'écouta ses propositions
que pour gagner du temps, en le leurrant d'un
accommodement. On envoya à Rouen pour savoir
si l'on voudrait recevoir la cour; mais les Nor-
mands, de qui Mazarin n'était pas plus aimé que
des Parisiens, refusèrent de donner retraite au roi
tant que son ministre serait auprès de lui. On cher-
cha un autre asile en Bourgogne, mais ce fut sans
succès.

Mazarin, rejeté de tous côtés, avait enfin résolu
de mener le roi à Lyon, et il se disposait déjà à

partir, avec toute la cour, lorsque Turenne lui
fit, pour ainsi dire, toucher au doigt et à l'œil, que
si on s'éloignait si fort de Paris, les Espagnols en
seraient bientôt les maîtres, et que se retirer à
Lyon, c'était leur abandonner tout ce qui était depuis cette ville jusqu'en Flandre. Il lui fit comprendre qu'il n'y avait rien à craindre, ni du duc
de Lorraine, ni du comte de Fuensaldaigne, tant
qu'ils n'auraient pas joint le prince de Condé; et
que, pour empêcher leur jonction, il fallait faire
en sorte que l'armée du roi fût toujours entre lui
et eux; si bien qu'ayant fait goûter ces raisons, il
mena la cour à Pontoise, afin qu'elle ne fût pas si
exposée aux entreprises du prince de Condé, et
ayant su que les ennemis étaient déjà arrivés à
Chauny, petite ville sur la rivière d'Oise, il marcha
à Compiègne pour défendre le passage de la rivière
d'Aisne.

Ce fut durant ce séjour de la cour à Pontoise que
le duc de Bouillon y mourut, après quatorze jours
de maladie. Le vicomte de Turenne pleura ce bon
frère, pour qui il avait toute la tendresse possible;
et ce qui achevait de rendre sa douleur accablante,
c'est qu'il était obligé de l'étouffer et de la renfermer
en lui-même; l'état étant alors en un si grand
danger que, s'il eût paru la moindre altération
sur son visage, on aurait cru les affaires du roi
entièrement ruinées.

En effet, le comte de Fuensaldaigne, après la prise de Chauny, avait joint le duc de Lorraine : ils avaient passé l'Aisne ; ils avaient marché à Fismes, et allaient s'avancer vers la Marne, si le vicomte de Turenne ne s'y fût opposé. Se tenant toujours vis-à-vis d'eux pour observer leurs mouvements, il fit si bien poster son petit corps de troupes, qu'en quelque endroit qu'ils se présentassent, il leur fit partout une barrière impénétrable ; de sorte que le comte de Fuensaldaigne fut contraint de retourner en Flandre avec son armée, de laquelle il détacha néanmoins six mille hommes, qu'il laissa au duc de Lorraine, qui les lui demanda, l'assurant qu'avec ce renfort il saurait bien venir à bout de joindre l'armée du prince de Condé.

Après bien des marches et des contre-marches, ils réunirent enfin leurs troupes, et vinrent acculer, avec leurs vingt mille hommes, Turenne et son armée de huit mille hommes, à Lagny-sur-Marne ; et le tenant assiégé dans l'angle de la Marne et de l'Yerre, ils mandèrent à ceux de leur parti, qui étaient à Paris, qu'ils avaient enfin réduit le vicomte de Turenne ou à combattre ou à périr de faim dans son camp ; qu'il ne leur pouvait plus échapper, et que sa défaite était inévitable ; et il n'y avait personne qui ne le crût et qui n'en jugeât ainsi.

Tout le monde frondait ouvertement la conduite

de ce général, sur ce qu'il s'était laissé enfermer
de cette manière; quelques-uns même l'accusaient
d'intelligence avec les ennemis. Jamais la cour ne
s'était vue si embarrassée : le roi avait encore une
fois éloigné le cardinal Mazarin pour faire cesser le
prétexte de la guerre civile; mais les ennemis n'en
avaient que plus d'audace, regardant l'éloignement
de ce cardinal comme un effet de la faiblesse du
conseil, qui cédait à la nécessité où ils avaient su
le réduire. Le parlement avait déclaré le duc d'Orléans lieutenant-général du royaume, et le prince
de Condé généralissime des armées de la couronne.
Les ministres, tremblants, faisaient des offres ex-
cessives à ce prince, qui, se regardant déjà comme
l'arbitre de tout, rejetait bien loin tous les projets
d'accommodements qu'on lui proposait, quelque
avantageux qu'ils lui fussent, et jamais il n'avait
conçu de si hautes espérances, lorsque le vicomte
de Turenne, ne pouvant subsister plus longtemps
dans son camp, où il y avait déjà cinq semaines
qu'il était, et voyant qu'il fallait nécessairement
en déloger, se mit à observer les ennemis, comme
s'il se fût promis quelque avantage dans son poste,
sur les mouvements de son armée. Il ordonna même
à son avant-garde d'escarmoucher de temps en
temps, pour leur faire croire qu'il voulait en venir
aux mains; il fit remplir de pieux de bois fichés
en terre tout l'espace qu'il avait dessein de laisser

derrière lui, pour y embarrasser les ennemis, en cas qu'ils voulussent le poursuivre. Il fit faire plusieurs ponts sur la rivière d'Yerre; il fit défier son armée si secrètement durant cette nuit, qu'avant même que les ennemis s'aperçussent d'aucun mouvement, il était déjà arrivé à Corbeil avec son artillerie et ses bagages. Cette retraite le combla de gloire et couvrit de confusion les ennemis.

Peu de jours après, le duc de Lorraine s'en retourna en Flandre, et le prince de Condé se retira parmi les Espagnols. Les affaires ayant ensuite changé de face, la reine amena le roi à Paris, où il fut reçu au milieu des acclamations et des applaudissements du peuple. Elle y établit l'autorité royale avec tant de hauteur, qu'au premier ordre le duc d'Orléans se retira à Limours, Mademoiselle à Saint-Fargeau, et tous les officiers du parlement qui étaient suspects, aux divers endroits qui leur furent désignés pour exil.

Le vicomte de Turenne fut toujours auprès de la personne du roi à son entrée dans Paris; mais il ne demeura pas longtemps à la cour; et, sachant que le prince de Condé avait pris Château-Porcien, Réthel, Mouzon, Sainte-Menehould, Bar-le-Duc et quelques autres places, à la faveur desquelles il se flattait d'hiverner en France, il résolut de recommencer la campagne, quoiqu'on fût dans la saison où les autres ont coutume de la finir. Il dit au roi,

en partant, qu'il espérait empêcher les ennemis
de prendre des quartiers d'hiver dans le royaume.
Il alla se mettre à la tête de l'armée avec le maréchal de la Ferté. Il s'avança du côté de la Lorraine,
et, sans s'amuser à toutes les petites places où les
ennemis avaient mis garnison pour l'arrêter, il
marcha droit à eux dans le dessein de leur livrer
bataille.

Il passa la Meuse, derrière laquelle était le
prince de Condé, aux environs de Toul, et le
prince de Condé se retira aussitôt à Commercy. Le
vicomte de Turenne l'y poursuivit, et le poussa
jusque dans le Luxembourg, où il le força de se
retirer; et rabattant ensuite sur les petites places
de la Lorraine, il les prit toutes à discrétion.
Mazarin, apprenant ce succès, rentra dans le
royaume, et vint trouver le vicomte de Turenne
comme il assiégeait Bar-le-Duc, se flattant que les
succès du général le réconcilieraient peut-être avec
les peuples.

Après la prise de cette ville et de plusieurs autres
places, Turenne revint à Paris avec le cardinal,
qui fut aussitôt remis à la tête des affaires. Le roi
donna le gouvernement du Limousin au vicomte de
Turenne, et le fit ministre d'état, afin qu'il eût
entrée au conseil pendant tout le temps qu'il resterait à la cour.

Ce fut à la fin de cet hiver que le vicomte de

Turenne épousa Melle de la Force. Elle était d'une des plus grandes maisons de la Guienne, et fille unique et héritière du maréchal duc de la Force; mais les qualités de l'esprit et du cœur étaient en elle fort au dessus des avantages de la naissance et de la fortune. Les vertus qu'on a tant de peine à inspirer aux personnes du sexe, à force d'instruction et d'exemples, semblaient être le fond même de son tempérament et de son caractère; elle avait naturellement dans l'âme je ne sais quelle grandeur qui ne devait rien à l'éducation. Elle possédait les langues savantes, et avait des connaissances qui passaient de beaucoup la portée ordinaire des femmes, sans se croire pour cela au dessus d'elles. Ses manières, quoique pleines de dignité, étaient toutes simples et toutes unies. Enfin, pour faire comprendre tout son mérite en deux mots, elle était véritablement digne d'être la femme du vicomte de Turenne.

Ce prince passa avec elle le printemps de cette année-là; car, comme nos troupes avaient fatigué durant presque tout l'hiver, nous ne pûmes nous remettre en campagne qu'au mois de juin. Il prévint néanmoins encore les ennemis; et, sachant qu'une partie de leur armée était sur la Sambre, et l'autre dans le Luxembourg, il s'alla mettre entre deux avec ses troupes, et ayant obligé par là les ennemis à faire un grand détour pour se joindre, il eut le temps de leur prendre Réthel avant qu'ils pussent être assemblés.

Il est vrai qu'alors, ayant trente mille hommes, et le vicomte de Turenne n'en ayant que douze mille, ils firent trembler la Picardie, sur les frontières de laquelle le prince de Condé vint se présenter, menaçant le royaume d'une invasion générale. Il n'y avait point de garnison dans la plupart des places; et, s'il y en avait dans quelques-unes, c'était si peu de chose qu'on n'y devait faire aucun fonds en cas de siége. Cependant, comme elles étaient également exposées, on ne savait laquelle serait la première attaquée; les ennemis pouvaient choisir à leur gré Corbie, Péronne, Ham, Saint-Quentin, Guise ou Noyon. Il aurait fallu jeter des troupes dans toutes ces places, ce que le vicomte de Turenne ne pouvait faire sans réduire son armée à rien, n'ayant que sept mille hommes d'infanterie. Dans cet état il résolut de conserver son armée entière, de suivre le prince de Condé partout où il irait, et de ne s'éloigner jamais plus de trois lieues des ennemis, afin que, s'ils venaient assiéger quelque place, il pût être à la portée d'en renforcer la garnison, et de choisir toujours à trois lieues à la ronde autour de leur camp l'endroit le plus avantageux pour s'y poster, et c'est ce qu'il exécuta avec succès durant toute cette campagne. Le prince de Condé vint plusieurs fois reconnaître son camp et son armée; mais l'ayant toujours trouvé très-bien retranché, il ne jugea pas à propos de l'attaquer. Il voulut faire venir de Cambrai un grand convoi de vivres; mais le vicomte de Turenne, en ayant été averti, passa promptement la Somme, et s'étant avancé avec cinq cents chevaux jusqu'à Bapaume, les ennemis, qui étaient déjà sortis de Cambrai, n'osèrent passer outre, et y rentrèrent au plus tôt avec leur convoi.

Le prince de Condé détacha le comte de Duras, avec trois mille chevaux, pour aller investir Guise; mais le vicomte de Turenne, ayant aussitôt repassé la Somme, envoya dans Guise deux mille chevaux, qui arrivèrent avec le comte de Duras, quoiqu'ils eussent la moitié plus de chemin à faire que lui. Le prince de Condé et l'archiduc Léopold, qui avaient joint depuis peu l'armée ennemie, voyant ainsi tous leurs desseins traversés, furent quinze jours à délibérer sans rien entreprendre; et, après avoir tenu beaucoup de conseils, ils quittèrent enfin la Picardie, et, marchant à grandes journées en Champagne, ils allèrent assiéger Rocroi, qui est la dernière ville frontière de cette province du côté de la Flandre. Comme cette place est tout entourée de bois, et qu'il est impossible de la secourir quand elle est une fois investie, le vicomte de Turenne leur laissa faire le siége, et alla prendre Mouzon et Sainte-Menehould; de sorte que les ennemis furent entièrement chassés de la France, où il ne leur resta plus aucune place que Rocroi.

L'année suivante, le roi étant allé se faire sacrer à Reims, le cardinal Mazarin, pour donner de l'éclat à cette cérémonie, eut dessein de faire en même temps quelque conquête sur les ennemis, et le ressentiment qu'il avait contre le prince de Condé lui ayant fait choisir Stenay, qui était la place de sûreté favorite de ce prince, Fabert eut ordre d'en faire le siége, et le vicomte de Turenne fut chargé du soin d'en empêcher le secours.

Le prince de Condé, piqué de ce qu'on s'attachait à une ville qui lui appartenait, et ne voyant pas jour à la pouvoir secourir, se proposa d'assiéger de son côté quelque place de réputation dont la conquête pût le venger de la prise de Stenay et même dédommager les Espagnols de toutes leurs pertes passées.

Dans cette vue, il fit consentir l'archiduc Léopold au siége d'Arras, capitale du pays d'Artois, laquelle n'est qu'à quarante lieues de Paris ; la place était déjà investie, qu'on ne pouvait encore croire que les ennemis osassent former une pareille entreprise. Mondejeu, qui était gouverneur d'Arras, s'attendait si peu à être assiégé, qu'il avait envoyé toute sa cavalerie, à la réserve de cent maîtres, à de Bar, qui avait ordre de jeter, avec le camp-

volant qu'il commandait sur la frontière, dans la
première place des environs qui serait investie; et
il ne put rentrer dans Arras, où Mondejeu se trouvait avec deux mille cinq cents hommes de pied et
cent chevaux pour toute garnison.

Le cardinal Mazarin, alarmé de cette entreprise,
s'adressa au vicomte de Turenne pour y mettre
ordre, lui offrant pour cela de faire lever le siége
de Stenay, s'il avait besoin des troupes qui étaient
devant cette place. Mais le vicomte de Turenne,
croyant qu'on pouvait bien secourir Arras sans
abandonner Stenay, en laissa continuer le siége,
et commença par détacher le chevalier de Créquy
et deux autres officiers, avec douze cents chevaux,
leur ordonnant d'aller, par divers endroits, se
jeter dans Arras, où ils entrèrent heureusement,
et où il marcha après eux avec le maréchal de la
Ferté. Les ennemis avaient trente mille hommes,
nous n'en avions que quatorze mille. Avec si peu
de troupes, il n'était pas possible de les chasser
de devant Arras à force ouverte. Aussi le vicomte de
Turenne n'entreprit-il pas de les attaquer dans leurs
lignes; il se proposa seulement d'empêcher qu'ils
ne fissent venir des vivres d'aucun endroit, afin
que, ne pouvant subsister devant la place, ils fussent obligés de lever le siége. Pour cela, il s'avança
jusqu'à la vue de leur camp, auprès de Mouchy-
le-Preux, entre la Scarpe et le petit ruisseau qui

descend à Arleux. Le maréchal de la Ferté se
campa sur le bord de la Scarpe ; et le vicomte de
Turenne, s'étant posté sur la hauteur de Mouchy,
pour couper les vivres aux Espagnols du côté de
Douai, de Bouchain et de Valenciennes, il envoya
sur sa gauche le colonel d'Elpense à Bapaume
pour empêcher les ennemis de faire rien venir de
Cambrai, et sur sa droite, le comte de Broglie à
Lens pour lui ôter la communication de Lille, et
le comte de Lille-Bonne à Pernes pour barrer le
passage à tout ce qu'ils auraient pu tirer d'Aire et
de Saint-Omer.

Il s'empara des autres postes qui étaient entre
eux et des places dont ils pouvaient tirer leurs
munitions ; il se saisit des châteaux et autres lieux
de défense des environs, tout autour d'Arras ; il y
logea quelques troupes, et il les fit si bien retrancher qu'on ne pouvait pas craindre que les ennemis
les vinssent attaquer. Il les resserra enfin et il les
bloqua, pour ainsi dire, tellement de tous côtés
que, n'ayant plus la liberté de la campagne pour les
fourrages et pour les convois, ils manquèrent bientôt de toutes choses.

Dans cette extrémité, ils pressèrent leurs attaques
le plus vivement qu'ils purent pour emporter au
plus tôt la place ; mais ils n'en purent venir à bout.
Toutes leurs ressources étaient dans un grand convoi que le comte de Bouteville leur devait amener

du côté de Saint-Pol. Le vicomte de Turenne marcha aussitôt à ce poste. On fit ce qu'on put pour
enlever le convoi, et l'on empêcha bien des chariots
de passer ; mais le comte de Bouteville ne laissa
pas de trouver moyen de faire entrer de nuit, dans
les lignes, un grand nombre de cavaliers qui por-
taient en groupe des munitions ; de sorte que les
assiégeants s'étant remis à pousser leurs attaques
avec de nouveaux efforts, Mondejeu fit savoir au
vicomte de Turenne qu'il ne pouvait plus tenir que
très-peu de jours et qu'il serait bientôt forcé de se
rendre s'il n'était secouru.

Le vicomte de Turenne savait fort bien qu'il
n'était pas aussi pressé qu'il le disait ; mais voyant
qu'on ne pouvait plus désormais sauver la place
qu'en secourant les assiégés, il résolut d'attaquer
leurs lignes dès le lendemain. Néanmoins, ayant
appris le soir, par un courrier du cardinal Mazarin,
que Stenay capitulait et qu'on lui allait envoyer
les troupes qui en avaient fait le siége, il jugea à
propos d'attendre ce renfort, et cependant il alla
reconnaître le camp des Espagnols. Il fit pousser
toutes leurs gardes jusque dans leurs retranchements, pour mieux découvrir l'état de leurs lignes
et du terrain qui était devant ; il visita tous les
côtés du camp, pour donner également jalousie à
tous les quartiers et tenir les ennemis dans l'incer-
titude de l'endroit par où ils seraient attaqués ; et ce

fut en passant auprès du quartier du prince de Condé, que le duc de Joyeuse, qui était avec le vicomte de Turenne, fut blessé dans une escarmouche, d'un coup de carabine dont il mourut.

Cependant le maréchal d'Hocquincourt arriva avec les troupes de Stenay ; et le vicomte de Turenne mena son armée au mont Saint-Eloi, poste que les ennemis occupaient à une lieue de leur camp, et il s'en rendit maître. Il se saisit avec la même facilité de l'endroit nommé le *Camp de César.* Il fit attaquer divers autres postes que les assiégeants tenaient autour de la place, et nos gens battirent partout l'ennemi, de sorte que, demandant eux-mêmes qu'on les menât aux lignes, le vicomte de Turenne se disposa tout de bon à l'attaque.

Le prince de Condé, l'archiduc Léopold, le duc de Wirtemberg, le prince de Lorraine et de Ligne, les comtes de Fuensaldaigne, de Garcie et de Ligneville, les barons de Châtelet et de Briorde, et don Ferdinand de Solis, partageaient toute la circonvallation par leurs différents quartiers, et ils étaient convenus d'un signal par le moyen duquel celui d'entre eux qui serait le premier attaqué avertirait les autres, si toutefois on osait les attaquer dans la situation où ils étaient, ce qu'ils avaient bien de la peine à croire. Néanmoins, le vicomte de Turenne, ayant concerté l'exécution de cette entreprise avec les maréchaux d'Hocquincourt et de la Ferté, commença par disposer les choses de manière que si l'on ne venait pas à bout de chasser les ennemis de devant Arras, on y fît du moins entrer un bon corps de troupes, et que si l'on ne pouvait pas même forcer des lignes, chacun pût revenir dans son camp et y trouver une retraite assurée.

Il fit avertir de son dessein Montdejeu, afin qu'il les secondât par ses sorties. Il régla que les trois corps donneraient tous trois sur un même front, et non point par des endroits séparés, parce qu'alors les uns s'attendant aux autres, on ne fait pas toujours tous les efforts qu'on pourrait faire soi-même pour forcer. Il voulut que l'attaque se fît de nuit, afin que l'ennemi, ne voyant point de quel côté on viendrait l'attaquer, n'osât dégarnir aucun endroit. Il commanda divers pelotons d'infanterie et plusieurs petites troupes de cavalerie, pour donner l'alarme de toutes parts aux environs des lignes, ayant résolu de faire partout de fausses attaques pour couvrir les véritables; et, après avoir pris toutes les autres mesures et donné tous les ordres qu'il jugea nécessaires, les trois généraux, chacun à la tête du corps qu'il commandait, commencèrent à faire défiler leurs troupes à l'entrée de la nuit. Le vicomte de Turenne, étant à l'avant-garde avec le duc d'Yorck, fit prendre la marche par des lieux couverts, afin d'en dérober la connaissance aux

ennemis. Il était deux heures après minuit quand
on arriva aux lignes. On marcha le plus secrètement qu'on put. Néanmoins, un coup de canon,
qu'on entendit du côté des Espagnols, ne pouvant
avoir été tiré que pour servir de signal, fit juger au
vicomte de Turenne que nous étions découverts.
C'est pourquoi, sans attendre le maréchal d'Hocquincourt, qui devait combattre à sa droite, et qui
s'était égaré par la faute de ses guides, il résolut
de commencer aussitôt l'affaire avec le maréchal de
la Ferté, pour ne pas laisser aux ennemis le temps
de se reconnaître.

Il envoya néanmoins auparavant quelques soldats
autour de la circonvallation, portant de longs cor-
deaux garnis de mèches allumées, afin de faire
croire aux Espagnols que c'étaient autant de mousquetaires qui les environnaient et qui les allaient
attaquer de tous côtés à la fois, et de les obliger
par là à se tenir tous dans leurs quartiers, sans en
affaiblir aucun pour fortifier les autres. Après quoi,
ayant mis son infanterie sur deux lignes, sa cavalerie derrière, et à la tête de tout quelques cava-
leries détachées, pour fournir aux gens de pied
les fascines et les outils dont ils pouvaient avoir
besoin, il marcha au quartier de don Ferdinand de
Solis, où il s'était proposé de faire son attaque.
L'avant-fossé fut comblé et passé en moins de
rien. Il fit aussitôt jeter des claies sur tous les

trous qui étaient entre l'avant-fossé et la ligne de
circonvallation ; il fit arracher ou enfoncer tout-à-
fait les petites palissades qui étaient dans les es-
paces entre ces trous, et, franchissant tous les
obstacles par lesquels les assiégeants avaient cru
rendre leur camp inabordable, il arriva jusque sur
le bord du fossé de la ligne. Il est vrai qu'en cet
endroit les Espagnols firent une furieuse décharge
sur nos gens ; mais cela ne servit qu'à nous faire
pousser plus vivement l'attaque : on essuya le feu
des ennemis ; on se mit à combler le fossé avec les
fascines.

Les soldats du régiment de Turenne n'attendirent
pas même qu'il fût comblé, ils se précipitèrent à
la suite de leurs capitaines. On leur y jeta des
échelles, avec lesquelles ils escaladèrent le retranchement, et Fisica, capitaine dans ce régiment,
ayant le premier gagné le haut du fossé, y planta
le drapeau de sa compagnie, en criant : *Vive Turenne !* A ce cri, nos gens, sentant redoubler leur
ardeur, commencèrent avec une émulation in-
croyable à arracher les palissades, à l'envi les uns
des autres, à ébouler le parapet et à renverser
tous les travaux de la circonvallation. Le marquis
de Bellefond fut le premier qui ouvrit un passage à
la cavalerie, en forçant une barrière. Les lignes
furent bientôt après percées et ouvertes en cet
endroit : toute la cavalerie y trouva entrée à la pointe

du jour. Il est vrai que le maréchal d'Hocquincourt
n'était pas encore arrivé, et que le maréchal de
la Ferté n'avait pu venir à bout de forcer le côté
qu'il avait attaqué ; mais les troupes de ce dernier
étant entrées à la suite de celles du vicomte de
Turenne, on abattit les épaulements et tous les
ouvrages par lesquels les assiégeants avaient fortifié
leur camp.

    Les Espagnols, saisis d'épouvante, abandonnè-
rent leurs retranchements avec le désordre et la
confusion qu'on peut s'imaginer dans une pareille
déroute. L'ennemi essuya toute la fureur du soldat
victorieux : tout plia et prit la fuite devant nous,
jusqu'aux généraux, à la réserve du prince de
Condé, qui, voyant la plupart de nos soldats courir
au pillage, vint avec les troupes de son quartier
charger le maréchal de la Ferté, et poussa si vigoureusement tout ce qui était devant lui, qu'on vit
l'heure que, par une révolution subite, il allait
faire changer la fortune de cette grande journée ;
le maréchal de la Ferté n'ayant plus d'autre res-
source que celle de se jeter dans Arras pour se
sauver. Lorsque le vicomte de Turenne fut averti
des grands efforts que le prince de Condé faisait
de ce côté-là, il y vint à la tête de son régiment
de cavalerie, chargea les escadrons ennemis, les
rompit entièrement et les fit fuir dans un grand
désordre. Le prince de Condé ne laissa pas de

tourner la tête avec beaucoup de fierté , et de rallier
plusieurs fois ses troupes devant nous ; mais enfin
le vicomte de Turenne le força à se retirer comme
les autres généraux.

Il défit quelques-uns des escadrons que le prince
avait laissés derrière lui pour faire sa retraite, et
il aurait pu les tailler tous en pièces, s'il avait eu
plus de troupes pour les poursuivre : mais l'impatience de piller possédait tellement nos gens,
qu'il fut impossible de les mener plus loin que la
circonvallation, et qu'on ne put de tout le jour
rallier l'armée. Les ennemis perdirent en cette
occasion près de sept milles hommes, qu'on leur
tua ou qu'on fit prisonniers. On leur prit soixante-
quatre pièces de canon ; deux mille chariots , six
mille tentes, neuf mille chevaux ; tous les équipages
des officiers, et le bagage du reste de l'armée.
De notre côté, nous n'y eûmes que trois ou quatre
cents soldats de tués et quelques blessés. Le vicomte de Turenne y reçut un coup de mousquet
qui lui fit une contusion, et il eut un cheval tué
sous lui.

Le roi et le cardinal Mazarin , qui étaient à
Péronne, vinrent à Arras, exprès pour lui témoigner la reconnaissance qu'ils avaient du service
important qu'il venait de rendre à l'Etat. Ils laissèrent toute l'armée sous ses ordres ; et ils emme-
nèrent les maréchaux d'Hocquincourt et de la Ferté

avec eux à Paris. Pour perpétuer le souvenir d'un
événement si mémorable, on frappa la médaille où
l'on voit deux victoires qui mettent sur un trophée
une couronne vallaire, semblable à celle que les
Romains donnaient aux généraux d'armées qui
avaient forcé les retranchements des ennemis. La
légende : *Perrupto Hispanum vallo, castris direptis*,
signifie : *les lignes des Espagnols forcées ; et le
camp pillé*. L'exergue : *Atrebatum liberatum*,
M. D. C. LIV. Arras secouru, 1654.

L'heureux succès du secours d'Arras fut suivi de
la prise du Quesnoy, et de celle de Clermont en
Aragonne, par où l'on finit la campagne.

L'année d'après, quoique l'armée des ennemis
fût aussi nombreuse que la nôtre, nous ne laissâmes
pas de prendre Landrecies, Condé, Saint-Guilain,
et plusieurs autres villes et châteaux des environs,
dont nous nous rendîmes maîtres, malgré les inondations qu'on avait faites tout autour, et à la vue
de toutes les troupes des Espagnols jointes ensemble. Car le prince de Condé vint souvent à la
tête de son armée pour nous faire lever le siége
de devant ces villes ; mais nous avions si bien pris
nos mesures, que tous ses efforts se réduisirent à
de légères escarmouches. Le vicomte de Turenne
fit raser celles de ces places qui ne pouvaient nous
être d'aucun usage ; il fit fortifier les autres, et
les pourvut de vivres et de munitions ; il se rendit

maître de la campagne, et fit subsister son armée
dans le pays ennemi.

Tous ces avantages, remportés avec tant de facilité
sur les Espagnols, portèrent le vicomte de Turenne
à assiéger une de leurs plus importances places.
Dans cette vue, il marcha à Valenciennes avec son
armée et celle du maréchal de la Ferté, qui était
alors malade ; mais celui-ci, étant rétabli, vint se
mettre à la tête de ses troupes, à la droite de l'Escaut où était son quartier. Comme ce quartier était
celui où les ennemis pouvaient arriver le plus aisément, le vicomte de Turenne l'avait fait fortifier par
des lignes doublées et palissadées ; le maréchal de
la Ferté, croyant qu'une seule ligne suffisait, fit
raser l'autre, et continua l'attaque que le vicomte
de Turenne avait fait commencer.

Cependant don Juan d'Autriche, à qui le roi
d'Espagne venait de donner le gouvernement des
Pays-Bas, voulant signaler son arrivée en Flandre,
avait ramassé toutes les milices du pays, et les ayant
jointes à son armée, ainsi que quelques renforts
qu'on lui avait envoyés d'Allemagne, il était venu
avec le prince de Condé se camper à la vue de
Valenciennes, dans le dessein de secourir cette
place.

Le vicomte de Turenne, se doutant bien que les
ennemis attaqueraient les lignes au quartier du maréchal de la Ferté, parce que ce quartier était le

plus exposé, lui manda que « s'il le voulait, il lui
enverrait quatre ou cinq régiments. » Mais le maréchal de la Ferté, recevant l'honnêteté du vicomte
de Turenne comme une injure, lui envoya dire :
« qu'il gardât ses troupes pour sa propre défense :
qu'il aurait peut-être autant besoin de secours que
lui, et qu'il lui offrait la moitié de son armée. »

Le vicomte de Turenne eut beaucoup de chagrin
de ce que le maréchal prenait la chose de cette manière. Prévoyant le préjudice qui en pouvait arriver
aux affaires du roi, il lui envoya faire encore une
fois la même offre en lui représentant le danger où
il était ; mais le maréchal de la Ferté ne fit que rire
de ces avis, et ne daigna pas même tenir hors des
lignes ni gardes, ni batteurs d'estrade, qui pussent
l'avertir de l'approche des ennemis. Aussi, la nuit
suivante, le prince de Condé et don Juan d'Autriche,
étant venus l'attaquer, arrivèrent jusque sur le
bord du fossé de son premier retranchement, sans
avoir été découverts. Ils forcèrent la ligne, où ils
ne trouvèrent presqu'aucune résistance, et firent
prisonniers le maréchal de la Ferté, les comtes
d'Estrée, de Cadagne et de Grandpré, lieutenants-
généraux, plus de quatre cents officiers, et près
de quatre mille soldats, ce qui fut fait en moins
d'un quart-d'heure ; de sorte que le vicomte de Turenne, qui, à la première alarme, avait couru au
secours par-dessus la digue, fut à peine au bout

qu'il vit les ennemis qui s'avançaient déjà de ce
côté-là pour le venir forcer. Il ordonna au même
instant qu'on rompît la digue, et les ayant arrêtés
par là, il fit promptement revenir nos gens de la
tranchée, retirer le canon des batteries, charger
les bagages, combler les lignes, et, ayant fait défiler devant lui l'artillerie et les équipages, il alla
former un camp sous le Quesnoy avec son armée,
pour sauver cette place.

Le prince de Condé et don Juan d'Autriche y
marchèrent après lui avec leurs troupes, et ne
doutant point qu'il ne prît la fuite devant eux, ils
avaient déjà commandé dix mille chevaux pour le
poursuivre; de sorte que, lorsqu'ils furent arrivés
assez près de lui pour découvrir son camp, ils furent
fort étonnés de voir que les tentes y étaient dressées, qu'il avait laissé tout ouvert, et qu'il les y
attendait de pied ferme. Il est vrai qu'à l'approche
des ennemis, nos soldats, épouvantés, commencèrent à charger les bagages; mais le vicomte de Turenne, ayant ordonné que personne ne sortît de son
poste, et qu'on ne fît aucun autre travail devant le
camp, rassura toute l'armée par le peu de précaution qu'il prenait.

Pour désabuser les Flamands, à qui l'on avait
fait croire que nous n'avions plus de troupes en
campagne, il envoya des partis jusqu'aux portes de
Bruxelles; et sur le bruit qui courait que les enne-

mis avaient dessein d'assiéger Condé ou Saint-Guilain, il jeta dans ces deux places mille cavaliers,
qui y portèrent chacun un sac de farine en croupe.
Un si gros détachement, fait d'un aussi petit corps
de troupes, en présence des ennemis qui étaient
beaucoup plus forts que lui, donna une telle confiance à ses soldats, qu'ils ne respiraient plus que
le combat. Mais le prince de Condé et don Juan
d'Autriche, n'ayant pas jugé à propos d'en venir
aux mains avec nous, décampèrent les premiers,
et tombèrent sur Condé, qu'ils prirent, et dont ils
firent démolir les fortifications, après quoi ils allèrent assiéger Saint-Guilain. Le vicomte de Turenne, qui avait eu le temps de ramasser les débris de l'armée du maréchal de la Ferté, ayant
investi la Capelle, où était le principal magasin des
ennemis, le prince de Condé et don Juan d'Autriche levèrent aussitôt le siége de Saint-Guilain
pour aller au secours de la Capelle. Ils s'appro-
chèrent des lignes avec leur armée ; mais ils n'osèrent les attaquer, et le vicomte de Turenne prit la
place à leur vue.

La prise de cette ville, arrivée sitôt après ce qui
venait de se passer à Valenciennes, et dans un
temps où la cour semblait désespérer des affaires,
fut regardée en France comme un avantage très-con-
sidérable ; et, pour conserver la mémoire d'un
succès si peu espéré, on y frappa la médaille où

l'on voit la Fortune qui d'une main tient une corne
d'abondance, et de l'autre un gouvernail, au haut
duquel est une couronne murale. Les mots de la
légende : *Fortuna redux*, signifient : *la Fortune
de retour* ; et ceux de l'exergue : *Capelle capta,
M. DC. LVI. Prise de la Capelle*, 1656.

On félicita fort le vicomte de Turenne sur l'heureux événement de cette entreprise. On lui donna
la charge de colonel-général de la cavalerie l'année
suivante. On fit même plus pour lui, on lui accorda
ce qu'il demandait depuis longtemps, à savoir,
qu'on ne le commît plus avec le maréchal de la
Ferté ; de sorte que le siége de Cambrai ayant été
résolu, il y fût envoyé seul. Mais le prince de Condé
ayant entrepris de jeter du secours dans la place
avant que nous eussions achevé nos lignes, et y
étant entré lui-même avec vingt escadrons de cavalerie, on quitta ce dessein. Le maréchal de la Ferté
eut ordre d'aller faire le siége de Montmédy, dans
le Luxembourg, et le vicomte de Turenne de tenir
la campagne, pour s'opposer à ce que les ennemis
pourraient entreprendre. Le prince de Condé et don
Juan d'Autriche firent diverses marches et contre-
marches, pour s'approcher de la place et y jeter du
secours. Ils firent mine de vouloir assiéger la plupart de villes qui étaient aux environs, pour nous
faire abandonner notre entreprise. Mais ils ne surent
faire prendre le change au vicomte de Turenne ;

il se présenta avec son armée partout où ils essayè-
rent d'aborder les lignes, et ils n'osèrent jamais
l'attaquer. Il rompit toutes leurs mesures, il prévint
tous leurs desseins, et malgré leurs stratagèmes et
leurs efforts, la place fut enfin emportée par le maréchal de la Ferté.

Après la prise de Montmédy, Turenne alla assiéger Saint-Venant, ville située sur la Lys, dans le
comté d'Artois. Le prince de Condé et don Juan
d'Autriche vinrent encore avec leurs troupes pour
secourir cette place ; mais ayant été plusieurs jours
devant nos lignes sans avoir osé les attaquer, ils passèrent dans la Picardie, et ils assiégèrent Ardres,
pour obliger le vicomte de Turenne à abandonner le
siége de Saint-Venant. Il est vrai que le cardinal
Mazarin ne lui ayant envoyé aucun argent pour la
dépense de ce siége, il y avait lieu de croire qu'il
tirerait assez en longueur pour que les ennemis eussent le temps de prendre Ardres ; mais le vicomte
de Turenne, ayant fait couper sa vaisselle d'argent en
morceaux, pour la distribuer aux soldats, les engagea si bien à avancer les travaux, que le gouverneur de Saint-Venant demanda à capituler.

Turenne, sans attendre que la capitulation fût
réglée, détacha aussitôt de son armée quatre mille
chevaux, et leur ordonna de marcher à Ardres, par
les hauteurs d'Aire et de Saint-Omer, sachant bien
qu'on ne manquerait pas de tirer sur eux le canon

de ces places, et que le prince de Condé et don
Juan d'Autriche, avertis de notre marche par le
bruit du canon, se retireraient aussitôt de devant
Ardres. En effet, ils levèrent le siége à l'approche
de notre détachement ; ils allèrent du côté de Bourbourg, et se retranchèrent entre les rivières d'Aa et
de Colme.

Le vicomte de Turenne vint à Ardres avec le
reste de l'armée, après la prise de Saint-Venant,
et voyant que les ennemis étaient si éloignés, il
retourna du côté de la Lys, se saisit de la Mothe-
aux-Bois, et fit raser ce château, qui incommodait
fort Saint-Venant; il marcha ensuite vers la Colme ;
il se rendit maître de Cassel et Waten ; il prit plusieurs forts et la ville de Bourbourg. Il força le
prince de Condé et don Juan d'Autriche à se retirer
avec leur armée sous le canon de Dunkerque. Il se
rendit maître de Mardick, dont la prise alarma
tellement les Espagnols, que dans la crainte que
nous n'allassions assiéger Gravelines, ils levèrent
leurs écluses et inondèrent quatre lieues de pays
autour de cette place ; mais la saison était trop
avancée pour une pareille entreprise. Ainsi le vicomte de Turenne, ayant mis son armée en quartiers d'hiver, s'en retourna à la cour. Les ennemis,
croyant profiter de son absence, assemblèrent quelques troupes, dans le dessein de reprendre Mardick;
mais ayant su que ce général était revenu sur la

frontière, ils s'en retournèrent chez eux (1657).

Cependant il y avait déjà un an que Mazarin et Cromwel, protecteurs de la nouvelle république d'Angleterre, avaient fait un traité qui portait que les Français et les Anglais attaqueraient à frais communs les villes de Dunkerque et de Gravelines; que la première de ces places serait pour l'Angleterre, et que l'autre resterait à la France; et, comme Cromwel demandait l'expédition de ce traité d'un ton qui faisait appréhender qu'il ne rompît avec nous si l'on n'assiégeait au plus tôt Dunkerque, le vicomte de Turenne eut ordre de s'avancer de ce côté-là pour voir ce qui s'y pourrait faire. Il n'y avait personne qui ne regardât ce siége comme une entreprise chimérique; car, attaquer Dunkerque avant d'avoir pris Furnes, Bergues et Gravelines, c'était être assiégé en faisant un siége, puisque ces villes environnent Dunkerque. L'attaquer au mois de mai, il n'y avait point encore de fourrage sur la terre; attendre plus tard, c'était donner le temps aux Espagnols de venir en corps d'armée défendre les abords de cette place, qui sont très-marécageux et tout entrecoupés de canaux, et par conséquent hasarder une bataille dans un terrain très-favorable pour les ennemis et fort désavantageux pour nous.

Néanmoins, comme les Espagnols faisaient de grandes offres à Cromwel pour l'engager à se

joindre à eux, et qu'il s'agissait de conserver ou
de perdre une alliance si importante, Turenne résolut de tenter cette entreprise, quelque impossible
qu'elle parût à tout le monde. Ayant donc tiré les
troupes de leurs quartiers et assemblé son armée,
il marcha vers Dunkerque. A la nouvelle de cette
marche, les ennemis lâchèrent toutes leurs écluses,
de sorte que, quand le vicomte de Turenne fut
arrivé à Bergues, outre une espèce de lac, que fait
en cet endroit l'épanchement de la Colme, il trouva
tout le pays couvert d'eau et rempli de marais et
de watergans. Il ne restait pour tout passage que
la digue qui va de Bergues à Dunkerque; chemin
que les pluies d'hiver avaient entièrement rompu,
et qui se trouvait même en quelques endroits
inondé, comme toute la campagne qui était des deux
côtés.

Les Espagnols avaient deux grands forts sur cette
digue pour nous en disputer le passage. Ils y
avaient fait entrer deux mille hommes, et ces deux
forts se défendaient mutuellement, étant à la portée du canon l'un de l'autre. Il y avait un grand
nombre de redoutes sur les rivières et sur les canaux; on ne pouvait pas s'arrêter dans la marche,
tout étant couvert d'eau; et il fallait de nécessité
emporter tout de suite les forts, les redoutes et
les passages qui étaient fortifiés. Outre cela, le
marquis de Leede, capitaine consommé dans l'art

de défendre les places, et qui avait défendu la
ville de Dunkerque douze ans auparavant, lorsque
le prince de Condé l'avait assiégée, venait de se
jeter dedans avec tout ce qu'il y avait de troupes
dans le voisinage, et prétendait non-seulement soutenir vigoureusement le siége de cette ville, mais
encore nous empêcher d'approcher des environs,
par le moyen des troupes qu'il avait fait avancer en
grand nombre sur la digue et qu'il avait envoyées
vers les forts.

Tant de difficultés auraient pu rebuter le vicomte
de Turenne; mais il ne désespéra pas de les sur-
monter; et, persistant dans la résolution d'exécuter son dessein, malgré les obstacles qui se présentaient de tous côtés, il passa la Colme; il ordonna qu'on fît un grand nombre de fascines; il
les fit jeter sur le chemin pour l'affermir et le
raccommoder; il fit, en quelques endroits, enfoncer dans l'eau des pieux qu'on couvrit de plan-
ches, afin que les cavaliers pussent passer dessus
tenant leurs chevaux par la bride; il fit combler
plusieurs fossés; il fit chercher les endroits du
marais les plus hauts et les moins noyés; il établit
les passages sur les watergans et sur les canaux;
il fit sonder partout le terrain; précautions qui,
néanmoins, ne servirent que pour le passage du
bagage et du canon; car l'ordre de s'avancer vers
Dunkerque ne fut pas plus tôt donné, qu'on vit

tous des soldats, les armes hautes, marcher hardi-
ment à travers les eaux débordées, et se presser à
l'envi des uns des autres, à qui passerait le premier, quoiqu'ils eussent l'eau jusqu'à la ceinture.
Toutes les gardes des Espagnols prirent la fuite à
notre approche, sans attendre que nous les pous-
sassions. La plus grande partie des troupes, qui
étaient dans les forts et sur la digue, se sauva dans
Dunkerque ; le reste fut forcé après quelque résistance. Le vicomte de Turenne s'empara des redoutes, dans lesquelles les ennemis voulurent lui
disputer le passage. Il les chassa des réduits qu'ils
gardaient sur les canaux, et arriva enfin devant
Dunkerque avec son armée.

La ville de Dunkerque est située au milieu de
ces collines de sable blanc qui s'élèvent au bord de
la mer germanique, depuis Calais jusqu'à l'Ecluse,
et qu'on appelle dunes, nom qui vient du mot *dun*,
qui, dans le langage des Celtes, signifiait un lieu
élevé.

Du côté du midi, elle est entourée de canaux et
de marais ; les dunes sont également à son levant
et à son couchant ; et la mer, qu'elle a au nord, et
qui vient battre jusqu'au pied de ces dunes, dans son
flux, laisse à sec, par son reflux, un espace de grève
d'environ cinq cents pas, qui demeure découvert
pendant la basse marée, et qu'on appelle l'*estrang*,
du mot *strang*, qui, dans le langage teutonique,

signifiait *rivage*, et qui signifie encore la même chose en flamand. Les eaux noient toutes les terres basses autour de la place ; il n'y avait aux environs ni couvert ni bois pour les huttes des soldats. Le vicomte de Turenne fut obligé de faire venir de Calais, par mer, tout ce qui était nécessaire pour les travaux du siége et pour la subsistance de l'armée : des vivres, des fourrages, des outils, des palissades, et jusqu'à des fascines, dont on avait besoin pour affermir les retranchements qu'il fallait faire aux dunes, dans un terrain sablonneux, et qui s'éboule aisément.

Lorsque toutes ces choses furent arrivées, il fit travailler aux lignes ; il les fit commencer sur le bord de la mer, au pied des dunes qui sont au-devant de Dunkerque, d'où, passant par-dessus ces dunes, elles allaient gagner, et tournant autour de la place, les canaux de Furnes, de Hondschoote, de Bergues, de Bourbourg, de Mardick, et passant sur les autres dunes, qui sont au couchant de la ville, elles aboutissent à l'estrang, faisant ainsi, dans leur contour, une espèce de croissant qui avait la mer à son ouverture. Cromwel, en exécution du traité fait avec nous, envoya de ce côté-là une armée navale, pour empêcher qu'on jetât du secours dans la place par cet endroit ; de sorte que la ville de Dunkerque se trouva entièrement investie par mer et par terre.

Après ces mesures prises, il n'y avait plus rien
à craindre, sinon que les Espagnols ne se saisissent
de quelques dunes fort hautes, qu'on n'avait pas
pu enfermer dans notre circonvallation, parce
qu'elles en étaient un peu trop éloignées; et comme,
du sommet de ces dunes, on voyait à découvert nos
troupes, le vicomte de Turenne les occupa et y fit
faire des retranchements. Tous ces travaux étant
finis, et les six mille Anglais que le commandant
de l'armée navale avait fait débarquer s'étant joints
à notre armée, sous les ordres de mylord Lockart,
on distribua les postes aux officiers-généraux. On
fit plusieurs ponts sur les canaux pour la communication des quartiers; le vicomte de Turenne fit
ouvrir la tranchée, et le roi avec toute la cour
vint assister au spectacle de cette grande entreprise. On fit d'abord deux attaques, à l'une desquelles on employa les Français, et à l'autre les
Anglais. Le vicomte de Turenne ne se coucha point
les premières nuits, pour mieux disposer toutes
choses par lui-même; et ses neveux, le duc de
Bouillon et le comte d'Auvergne, qu'il avait amenés
cette année-là en campagne avec lui, le suivirent
partout.

Les Espagnols n'eurent pas plus tôt appris que
Dunkerque était investi, qu'ils résolurent de secourir cette place, à quelque prix que ce fût. Ils levèrent un subside particulier sur tout le peuple de

Flandre pour l'exécution de ce dessein. Ils convoquèrent le ban et l'arrière-ban ; ils tirèrent toutes les garnisons des places ; ils rassemblèrent toutes leurs troupes, comme s'il se fût agi de la conservation ou de la perte entière des Pays-Bas ; si bien qu'en très-peu de temps ils formèrent la plus nombreuse armée qu'ils eussent encore eue sur pied. Le prince de Condé et don Juan d'Autriche, à la tête de cette armée, qui s'était assemblée aux environs de Nieuport, s'avancèrent vers Dunkerque, et le maréchal d'Hocquincourt, qui s'était jeté depuis peu dans leur parti, s'étant approché trop près de nous, en nous venant reconnaître, fut tué d'un coup de mousquet par quelques soldats avancés.

Dès que le vicomte de Turenne sut que les ennemis venaient à nous, il les alla reconnaître ; et ayant vu que toute leur armée était déjà en deçà de Furnes, marchant au milieu des dunes, pour nous venir attaquer, il résolut de les prévenir. Il s'en retourna promptement de devant Dunkerque ; il laissa un nombre suffisant de troupes pour garder le camp et les tranchées. Il voulut expliquer à mylord Lockart les raisons qu'il avait d'aller combattre les ennemis, mais ce général le pria de ne s'en point donner la peine, disant qu'il s'en rapportait bien à lui, et qu'il s'informerait de ces raisons après la bataille, s'il en revenait. Il emmena donc les Anglais avec le reste de l'armée, et marchant au

milieu des dunes, du côté d'où venaient les Espagnols, il fit tant de diligence, qu'il arriva à la
portée du canon de leur armée avant qu'ils sussent
que nous fussions sortis de nos lignes. Les ennemis
furent bien surpris de nous voir si près d'eux; ils
ne s'étaient avancés vers Dunkerque que pour donner
courage aux assiégés; ils n'avaient point encore
leur canon, et ils avaient fait leur compte de n'en
venir aux mains que lorsqu'il serait arrivé. Mais le
vicomte de Turenne, voulant les attaquer dès le lendemain, se saisit des plus hautes dunes qui étaient
aux environs, et employa la plus grande partie de
la nuit à les fortifier par des retranchements. Il
dressa l'ordre de la bataille, et ayant pourvu à la
sûreté des bagages et à la garde du camp, il se coucha dans le sable d'une dune, enveloppé de son
manteau, et dormit ainsi jusqu'à la pointe du jour,
qu'il monta à cheval pour ranger son armée.

Il composa sa première ligne de dix bataillons, et
vingt-huit escadrons de cavalerie, quatorze à l'aile
droite et quatorze à l'aile gauche, et le canon était
à la tête. La seconde ligne était de sept bataillons, et
de dix-huit escadrons de cavalerie, neuf à la droite
et les neuf autres à la gauche. Quatre escadrons de
gendarmes étaient derrière la première ligne, pour
soutenir l'infanterie du corps de bataille, et les six
escadrons de cavalerie qui faisaient la réserve
furent placés à une assez grande distance, derrière

toute l'armée, afin qu'ils fussent à portée de secourir même nos troupes, devant Dunkerque, en cas de besoin.

« Sa première ligne occupait, par son front de bandière, tout le travers des dunes avec la prairie qui est à droite, et l'estrang qui est à gauche, c'est-à-dire tout cet espace qui est depuis le flot de la mer jusqu'au canal de Furnes, et qui a plus d'une lieue d'étendue. Comme la pente des dunes est assez douce, on y rangea les bataillons et les escadrons à leur distance et à leur mesure naturelle. Les lignes, à la vérité, étaient haut et bas, suivant la disposition du terrain ; mais, malgré son inégalité, elles étaient dressées avec tant de justesse qu'elles paraissaient avoir été tirées au cordeau. Le vicomte de Turenne donna l'aile droite à commander au marquis de Créqui ; l'aile gauche au marquis de Castelnau, et le corps de bataille au marquis de Cadagne et de Bellefond ; et pour lui, il se mit au centre de l'armée. Le comte de Schomberg, les marquis d'Humières et de Varennes, et le baron d'Equancourt, qui faisaient les fonctions de lieutenants-généraux, furent distribués aux postes où ils devaient être employés. Le général Lockart commanda les Anglais ; le comte de Digneville, les Lorrains ; le comte de Soissons, les Suisses, dont il était colonel général ; le marquis de La Salle, les gendarmes ; et le marquis de Richelieu, le corps de réserve. Le

comte de Bussi-Rabutin y fit sa charge de mestre-
de-camp-général de la cavalerie. Le duc de Bouillon,
grand chambellan de France, et son frère, le comte
d'Auvergne, servirent, par ordre du vicomte de
Turenne', à la tête de son régiment d'infanterie,
comme simples volontaires, quoique le duc de Bouillon eût un régiment à lui.

Quant aux ennemis, le prince de Condé et don
Juan d'Autriche firent aussi mettre leurs troupes en
ordre avec toute la diligence possible, y employant
tous les officiers-généraux, qui eurent bien de la
peine à en venir à bout dans un terrain si extraordinaire. Ils ne firent, à proprement parler, de toute
leur armée, qu'un corps de bataille sans ailes. Ils
mirent sur une seule ligne toute leur infanterie,
soutenue par quatre lignes de cavalerie qui étaient
derrière. Ces lignes n'avaient pas plus d'étendue que
le travers des dunes, et n'allaient que jusqu'au bord
de l'estrang d'un côté, et jusqu'au commencement
de la prairie de l'autre. Les généraux n'avaient osé
mettre des troupes sur l'estrang, comme nous y en
avions, parce que le vicomte de Turenne avait fait
avancer vis-à-vis l'endroit où l'on aurait pu les placer
une partie des vaisseaux anglais, qui avaient ordre
de faire feu sur tous les Espagnols qui paraîtraient
sur le rivage.

Don Juan d'Autriche prit le commandement de
la droite qui regardait la mer. Il avait pour lieute-

nants-généraux le duc d'Yorck, qui avait été obligé de sortir de France, et le duc de Glocester, tous deux frères du roi d'Angleterre, don Estevant de Gamarre et le marquis de Caracène. Il s'était saisi d'une dune qui était de cent pas plus avancée vers nous que les autres : cette dune était très-haute et très-escarpée ; il y avait posté un de ses bataillons, et il en avait fait avancer un autre derrière pour le soutenir. Le prince de Condé eut le commandement de la gauche de l'armée, qui était du côté de la prairie que le canal de Furnes traverse, et qui est entrecoupée de petits fossés. Ce prince fit aisément la communication de ces fossés et du canal, sur lequel il fit faire cinq ponts avec des barques. Comme sa cavalerie ne pouvait être employée dans la prairie à cause des fossés, il rangea dans l'espace qui est depuis le pied des dunes jusqu'à ces fossés, sur sept lignes plus ou moins longues, selon la disposition du terrain. Il mit dans un lieu un peu plus couvert, devant sa cavalerie, un de ses bataillons, et il joignit tous les autres à ceux de don Juan, pour achever de former cette grosse ligne d'infanterie qui était à la tête de l'armée espagnole. Il avait sous lui, pour lieutenants-généraux, les comtes de Coligny, de la Suze, de Meille, de Guitaud, de Persan et de Bouteville, et pour maréchaux-de-camp, le marquis de Ravenel, de Romainville et de Rochefort.

14

LIVRE QUATRIÈME

Bataille des dunes. — Prise de Dunkerque. — Désintéressement de Turenne. — Son influence pendant la paix. — Ses vertus privées. — Mort de son épouse. — Réduction de la Flandre. — Turenne abjure le calvinisme.

Les choses étant en cet état, et les deux armées n'étant éloignées que d'un quart de lieue l'une de l'autre, le vicomte de Turenne commença par canonner celle des ennemis. Comme ils n'avaient point de canon, et qu'à cette distance nous pouvions leur tuer beaucoup de monde avec le nôtre sans qu'ils pussent nous blesser personne, il semble qu'ils auraient dû s'approcher au plus près de nous, pour ne pas souffrir la perte que leur causait notre artillerie dans cet éloignement, et rendre la partie égale. Néanmoins, se contentant de resserrer leurs rangs à mesure que notre canon les éclaircissait, ils ne firent aucun mouvement pour s'avancer vers nous, soit qu'ils fussent absolument résolus à ne point engager la bataille qu'ils n'eussent leur canon, ou qu'ils prétendissent tirer un grand avantage de la confusion où ils croyaient que nous ne pouvions nous empêcher de nous mettre en marchant.

Quoi qu'il en soit, le vicomte de Turenne, voyant qu'ils demeuraient immobiles dans leurs postes, fit avancer son armée. Il n'y avait qu'une heure qu'il faisait jour, et il n'était encore que cinq heures du matin. Il ordonna aux marquis de Créqui et de Castelnau, qui étaient à la tête des escadrons de nos deux ailes, de modérer leur ardeur dans les approches, et de ne commencer le combat que lorsque l'infanterie serait arrivée et pourrait donner en même temps que la cavalerie. On monta et l'on descendit plusieurs fois dans les dunes. A chaque fois que le canon se trouvait sur les hauteurs, on en tirait quelques volées sur l'armée ennemie, et l'on fit ainsi quatre ou cinq décharges durant la marche. On allait au petit pas, afin de pouvoir garder les rangs dans un terrain si inégal ; on était souvent obligé de s'attendre les uns les autres pour les redresser ; de sorte qu'on mit trois heures à faire le quart de lieue qui était entre nous et les ennemis. Le vicomte de Turenne reconnaissait toujours davantage leur position, leur contenance et leur force, à mesure qu'on approchait plus près d'eux. Il était huit heures quand on fut tout-à-fait en présence. Alors Turenne, ayant fait remettre en ordre tout ce que la marche avait dérangé, se montra à tous les corps de l'armée avec un air de gaieté qui inspire de la confiance à tout le monde, et il fit marcher aux ennemis. Comme les Anglais, par le rang qu'ils avaient dans notre première ligne, se trouvèrent justement vis-à-vis de cette haute dune

que les Espagnols avaient occupée et qui était plus
avancée vers nous que les autres, lorsque, dans la
marche, ils furent arrivés au pied, le vicomte de
Turenne envoya prier le général Lockart de s'en
rendre maître ; ce qui fut fait, après des prodiges
de valeur de part et d'autre.

Le marquis de Castelnau, ayant, selon l'ordre du
vicomte de Turenne, fait marcher le long de l'estrang la cavalerie de l'aile qui commandait, prit non-
seulement en flanc les ennemis, mais se jeta brus-
quement entre leurs première et seconde ligne, et,
ayant ainsi coupé leurs rangs, les prend à revers,
les charge de tous les côtés et les jette dans une
très-grande confusion. Tous ceux qui pouvaient encore s'enfuir se sauvèrent. De ceux de la première
ligne qui ne le pouvaient pas, on fit prisonniers
ceux qui voulurent bien se rendre, et on passa les
autres au fil de l'épée.

Turenne s'était toujours tenu jusque-là au centre
de l'armée, d'où il envoyait partout ses ordres et
des troupes suivant le besoin. Il observait du haut
des dunes tout ce qui se passait, et voyant que le
marquis de Créqui s'engageait trop avant au milieu
des ennemis, il courut aussitôt de ce côté. Ce marquis avait d'abord fait plier l'aile gauche qu'il avait
eu ordre d'attaquer, et il l'avait même poussée près
de quatre cents pas devant lui ; mais, comme il
n'était suivi que par quatre escadrons, les Espa-

gnols, ayant reconnu le peu de monde qu'il avait avec lui, l'eurent bientôt ramené battant jusqu'au front de notre aile droite.

Le prince de Condé, qui avait coutume de pousser les succès aussi loin qu'ils pouvaient aller, voulut tirer avantage de celui-ci ; et, s'étant mis à la tête d'un grand corps de cavalerie avec les officiers-généraux et toutes les personnes de qualité de son armée, il chargea vigoureusement le marquis de Créqui ; il rompit même quelques-uns de nos rangs, et peu s'en fallut que, perçant à travers notre armée, il ne pénétrât jusqu'à Dunkerque et ne secourût la ville assiégée après avoir perdu la bataille.

Mais Turenne, étant venu justement pour soutenir le marquis de Créqui, mena lui-même à la charge les escadrons de notre aile droite, enveloppa presque entièrement ceux du prince de Condé, et, les prenant tout à la fois par la tête et par les deux flancs, fit faire une si furieuse décharge sur ce corps de cavalerie, qu'il l'ouvrit en plusieurs endroits. Il fit entrer aussitôt le comte de Bussy avec des troupes fraîches.

Les ennemis tombent de toutes parts, ou morts, ou blessés, ou démontés ; sous le feu de nos gens, tout plie, tout se renverse. Le prince de Condé rallie jusqu'à trois fois ses escadrons ; mais, ayant toujours été rompus par le vicomte de Turenne,

ils se lassent enfin de revenir tant de fois à la
charge. Le prince s'avance encore une fois vers nous
pour redonner du courage à ses soldats ; il s'expose
même beaucoup plus qu'il ne l'aurait dû, croyant
leur inspirer par émulation quelque désir de gloire,
mais il n'en saurait venir à bout. Tous ses gens,
rebutés, l'abandonnent, à la réserve des seigneurs
français, qui, fiers d'avoir ce prince à leur tête,
ne savent ce que c'est que de se ménager.

Cependant le vicomte de Turenne, poussant toujours avec la même vigueur le prince de Condé,
l'approcha enfin de si près que le cheval de ce
prince fut tué dans une décharge. Groussoles, l'un
de ses gentilshommes, lui donne aussitôt le sien,
aux dépens de sa liberté, ayant été fait prisonnier,
ainsi que les comtes de Meilles, de Coligny, de
Bouteville, et le marquis de Romainville ; qui se
sacrifièrent pour favoriser la retraite du prince et
sauver sa personne.

Comme cette défaite de l'aile gauche des ennemis arriva presque aussitôt que celle de l'aile droite,
on vit ainsi toute leur armée se retirer presque en
même temps. Le vicomte de Turenne commença
par renvoyer le marquis de Richelieu devant Dunkerque avec la réserve, afin que, par ce renfort,
les troupes qui y étaient restées fussent en état de
s'opposer aux sorties que les assiégés pouvaient faire.
Il se mit ensuite à poursuivre les ennemis jusqu'aux

portes de la ville de Furnes, derrière laquelle ils
se retirèrent. On fit plus de quatre mille prisonniers; on mit leur cavalerie en déroute; la meilleure partie de l'infanterie fut défaite, et toute leur
armée tellement dissipée et détruite, qu'à peine
purent-ils réunir six mille hommes pendant le reste
de la campagne.

Turenne ne suivit point l'armée espagnole plus
loin. Voulant retourner au plus tôt au siége, il ral-
lia les troupes qui s'étaient un peu dispersées, il
renvoya au prince de Condé douze de ses gardes;
il donna ordre qu'on menât le reste des prisonniers,
où on devait les conduire; il fit descendre devant
Dunkerque, par le canal de Furnes, les barques
chargées des munitions que les ennemis avaient
fait venir avec eux par ce canal pour leur subsistance, et il entra avec l'armée dans son camp.
Chacun y prit son premier poste; le vicomte de
Turenne y passa la nuit à cheval, dans la crainte
de quelque surprise, et fit commencer la sape. Les
assiégés, quoique sans espérance de secours, se
défendaient toujours avec la même vigueur, et l'on
fut encore trois jours à prendre la contrescarpe au
pied de laquelle on était avant la bataille.

De notre côté, le marquis de Castelnau reçut une
blessure dont il mourut quelques jours après, avec la
triste consolation d'avoir été fait maréchal de France
sur son lit de mort. Du côté des ennemis, le mar-

quis de Leede fut blessé à mort le deuxième jour
après notre retour au siége. Enfin, tous les dehors
ayant été emportés, et nos troupes étant logées
au pied du dernier ouvrage, la ville se rendit, le
septième jour après la bataille et le dix-huitième
depuis l'ouverture de la tranchée, et le roi y entra
en triomphe.

Pour conserver la mémoire de cette importante
conquête et celle de la victoire des dunes qui
l'avait précédée, on frappa deux médailles. La première fait voir une Victoire qui, le caducée en
main, marche sur les ennemis terrassés. Ces mots
de la légende : *Victoria pacifera*, signifient : *La
victoire apportant la paix*. Ceux de l'exergue :
Hispanis cœcis ad Dunkercam, *M. DC. LVIII* :
Les Espagnols défaits près de Dunkerque, 1658.

La seconde représente une autre victoire qui
tient un bouclier où sont les armes de la ville de
Dunkerque. La légende *Dunkerca iterum capta*,
signifie : *Dunkerque prise pour la seconde fois*.
A l'exergue est la date de 1658.

Après la prise de Dunkerque, Turenne se rendit
maître en moins de huit jours du fort de Linck,
et des villes de Bergues, de Furnes et de Dixmude ; il favorisa la prise de Gravelines en couvrant
l'armée qui en faisait le siége. De Gravelines, il va
passer la Lys à Deynse ; il se saisit du château de
Graves sur l'Escaut ; il marche à Oudenarde, il

trouve en chemin le comte de Chamilly, à qui le
prince de Condé avait donné ordre de se jeter dans
la ville avec trois régiments; il enlève ce comte
et la moitié de ses troupes et se rend maître
d'Oudenarde. Il marche à Menin, pour passer la
Lys et aller assiéger Ypres; et, ayant rencontré
sur sa route le prince de Ligne, qui conduisait
trois mille hommes à Tournai, il les attaque, et il
en fait deux mille cinq cents prisonniers. Il force
les habitants de Menin à laisser passer son armée
sur leur pont; il enlève outre cela un régiment de
dragons que don Juan d'Autriche envoyait dans
Ypres, et réduit cette grande ville à capituler en
cinq jours de siége; après quoi il prend encore
Comines, Grammont et Ninove; et, maître de tout
le pays qui est entre l'Yper, la Lys et l'Escaut, il
envoie des partis jusqu'aux portes de Bruxelles, où
le prince de Condé et don Juan d'Autriche avaient
été obligés de se retirer.

Pour immortaliser le souvenir de la prise de
toutes ces places, le roi fit frapper la médaille où
l'on voit une Bellone dans un char traîné par deux
chevaux, et autour d'elle trois dieux-fleuves ren-
versés. Les mots de la légende, *Ad victoriam
impetus,* et ceux de l'exergue, *Ad Scaldim, Lysam
et Yperam, MDC. LVIII,* signifient, *La rapidité
des victoires de la France sur l'Escaut, sur la Lys
et sur l'Yper.* 1658.

15

« Cette rapidité de victoires fit trembler l'Espagne pour la perte des Pays-Bas, et amena une suspension d'armes.

Comme Cromwel était mort quelque temps avant cette trève, il s'éleva alors en Angleterre un parti considérable, qui prit les armes en faveur du roi Charles II. Le vicomte de Turenne, ravi de trouver une occasion de rendre service au roi d'Angleterre, et persuadé en même temps que le rétablissement de ce prince serait avantageux à la France, résolut de profiter de cette conjoncture pour le faire remonter sur le trône. Il savait que la flotte d'Angleterre était sur la mer Baltique; il voyait la paix résolue et presque conclue avec l'Espagne; il n'y avait rien à faire pour nos troupes dans le royaume durant la trève : il les fit donc filer vers les côtes de la Picardie, et il s'avança jusqu'à Montreuil, afin d'être à portée de disposer toutes choses pour l'embarquement, qui devait se faire à Estaples. Il acheta pour cela tous les vaisseaux qui étaient sur la côte et toutes les munitions de guerre et de bouche nécessaires. Il donna ce qui lui restait d'argent au duc d'Yorck, qui vint à Montreuil; il lui offrit, outre cela, sa vaisselle d'argent et son crédit pour emprunter de quoi fournir à la dépense de cette expédition. Il voulut que ses neveux, le duc de Bouillon et le comte d'Auvergne, accompagnassent ce prince en Angleterre; et l'affaire fut si avancée que l'on était déjà à la veille du jour fixé pour l'embarquement, lorsqu'on apprit que le corps de troupes qui s'était déclaré pour le roi d'Angleterre avait été entièrement défait et dissipé par ceux du parti opposé aux intérêts de ce prince ; de sorte que le vicomte de Turenne ne put pas pousser plus loin cette entreprise.

Cependant les articles du traité de paix entre la France et l'Espagne, et ceux du contract de mariage du roi avec l'infante, furent enfin arrêtés et signés au pied des Pyrénées, sur les confins des deux royaumes, et ce fut par cette célèbre alliance que finit une guerre qui durait depuis vingt-cinq ans.

Le roi, voulant récompenser le vicomte de Turenne des services qu'il lui avait rendus pendant le cours de cette guerre, lui donna la charge de maréchal général de ses camps et armées. Le cardinal Mazarin lui fit même entendre qu'il ne tenait qu'à lui qu'il ne fût élevé à une plus haute dignité ; que la charge de connétable, qui était la première du royaume, avait à la vérité été supprimée à cause de la trop grande puissance qui y était attachée ; que néanmoins le roi la rétablirait volontiers en sa faveur, si lui-même n'y mettait un obstacle par la religion qu'il professait. Mais le vicomte de Turenne n'était pas d'un caractère à se laisser tenter par l'attrait des honneurs quand il s'agissait de religion. L'offre de la première charge de la couronne ne fut

pas capable de le faire changer de religion, comme
nulle considération ne put le retenir quand il fut
persuadé que le calvinisme n'avait pas d'appui
solide.

Les intervalles de la guerre font ordinairement
de grands vides dans l'histoire des généraux d'armée,
qui, tirant pour la plupart toute leur élévation
du commandement des troupes à la tête desquelles
ils sont, se trouvent au niveau des autres hommes
durant le temps de la paix, où ils ne font plus rien
qui soit digne de la connaissance de la postérité,
et qui puisse par conséquent servir de matière à
l'histoire.

Il n'en est pas de même des grands hommes : ils
impriment jusque dans leurs moindres actions je ne
sais quel caractère singulier qui les consacre en
quelque manière, et qui les rend dignes d'être pro-
posés pour modèles à tous les siècles à venir.

Tel fut le vicomte de Turenne. Quand il n'aurait
jamais donné ni batailles ni combats, il n'aurait pas
laissé de s'acquérir une très-grande réputation par
le seul mérite de ses vertus civiles.

Il eut toujours pour les vérités fondamentales du
christianisme un attachement à l'épreuve de ses
propres passions et des mauvais exemples d'autrui.
Il ne pouvait souffrir l'impiété des sentiments ni
le libertinage des mœurs ; et personne n'avait plus
d'aversion que lui pour les gens qui menaient une

vie scandaleuse. il y avait près de cinquante ans qu'il était calviniste, et des doutes sur la vérité de sa croyance commencèrent à entrer dans son âme. Il ne s'en ouvrit néanmoins d'abord à personne, et il tâcha seulement de s'éclaircir lui-même de ses difficultés par la lecture des livres catholiques. Cette lecture augmenta ses doutes et lui fit entrevoir les erreurs dans lesquelles il se trouvait engagé par le malheur de sa naissance; dès lors la religion calviniste lui devint suspecte. Il avait un grand respect pour les choses saintes; tout ce qui portait quelque caractère de religion lui était sacré : il respectait nos églises, nos mystères et nos cérémonies. Aussi était-il en vénération aux catholiques eux-mêmes.

Quant à ce qui regarde la société civile, jamais homme ne fut d'un commerce plus aisé. Parlant des plus petites choses comme s'il eût ignoré les grandes, et cela avec les personnes de la moindre condition, sans jamais se prévaloir de la supériorité de son rang ni de celle de son esprit; il s'accommodait avec tant de complaisance au caractère et à l'humeur de tout le monde qu'on était souvent étonné qu'avec de si grandes qualités pour la guerre, il fût encore le plus poli et le plus aimable homme de son temps. Tout était vrai et sincère en lui : sentiments, mœurs, manières. Aussi éloigné de la fausse modestie que de l'orgueil, il se laissait voir

à tout le monde, tel qu'il était : il parlait de ses
actions avec simplicité et avec ingénuité, sans rien
exagérer par une vanité ouverte, et sans rien
abaisser par le raffinement d'une vanité plus dé-
tournée. Ennemi déclaré des flatteurs, qui que ce
soit n'ût osé le louer. Il marchait le plus souvent
sans équipage et sans domestiques, se mêlant dans
la foule comme un homme du commun ; mais il
avait beau se confondre, sa réputation le faisait
partout reconnaître : le peuple, au milieu duquel
il se mêlait avec tant de modestie, ne laissait pas de
le regarder comme un des plus grands ornements du
siècle. Chacun s'empressait pour le voir. Ceux qui
le connaissaient le montraient des yeux et du geste
à ceux qui ne le connaissaient pas. Les étrangers
qui venaient en France s'en retournaient satisfaits
quand ils l'avaient vu ; et souvent nos ennemis
même enchérissaient sur nous quand on se mettait
à faire le dénombrement de ses exploits ou à rap-
peler la mémoire de ses vertus.

Réduit à quelque chose de plus particulier encore, et renfermé pour ainsi dire dans les bornes
de sa maison, il n'y était pas moins admirable qu'à
la guerre et dans la société. C'est là qu'il paraissait
véritablement grand. Jusqu'au gens qui le servaient, tout le monde était étonné de cette sagesse :
car, au lieu que la plupart de ceux qui attirent
l'admiration du public rendent leurs domestiques

témoins de leurs faiblesses, c'étaient ceux qui étaient proche de sa personne qui avaient pour lui des sentiments d'une plus profonde vénération, parce que, voyant ses vertus de plus près, ils connaissaient mieux combien le motif en était pur et désintéressé.

C'était le plus parfait époux et le meilleur maître qui fût jamais. Toutes les lettres qu'il a écrites à la vicomtesse de Turenne, sa femme, sont pleines de politesses qui vont quelquefois jusqu'au respect. On n'y saurait voir sans surprise l'attention qu'il avait pour elle au milieu de tant de grandes affaires dont il était chargé. Il est impossible qu'elle ne fût fort sensible à la manière dont il lui ouvre son cœur dans ses lettres : mais ce qui vraisemblablement la touchait encore plus, c'est une certaine joie vive qui y est partout répandue, et qui fait voir qu'il n'avait point de plus grand plaisir que celui de lui écrire.

Pour ce qui est de ses domestiques, il voulait absolument que chacun fît son devoir ; mais quand ils se conduisaient bien, ils étaient surs de sa protection pour eux et pour leur famille. S'ils avaient une affaire, il en faisait la sienne, et la sollicitait en personne, sans vouloir toutefois que son crédit fît tort à qui que ce soit. Aussi sa maison était-elle remplie d'honnêtes gens, et il n'y avait pas un de ses domestiques qui n'eût de la probité et de

l'honneur, soit que ceux qu'il choisissait fussent
tels par eux-mêmes, ou qu'il communiquât quelque
chose de son caractère à tous ceux qui l'appro-
chaient.

Il estimait les gens de lettres et les attirait chez
lui. Il aimait l'histoire, et il en savait faire son
profit. Il n'ignorait rien de ce qu'un prince doit
savoir, et ne s'amusait pas à apprendre ce qu'il doit
ignorer. La conversation des gens de bon sens et
la lecture des livres solides occupèrent une partie
de son loisir pendant les six ou sept années de paix
qui suivirent le traité des Pyrénées. Mais ses occupations tranquilles n'empêchaient pas qu'il ne prît
part aux affaires publiques pendant ce temps-là, et
que, de son cabinet, il ne donnât pour ainsi dire
le branle à ce qui se faisait de plus considérable
chez nos voisins.

On lui communiquait les instructions que l'on
donnait aux ambassadeurs que nous envoyions dans
les cours étrangères, et les affaires les plus secrètes
qu'on négociait alors avec les princes et les états
souverains de l'Europe : et nous avons encore ce
qu'il a écrit sur ces sortes de matières. Il y démêle
les divers intérêts des princes avec les vues d'une
politique très-fine, et on y trouve des réflexions si
sages, qu'on peut les comparer à ce qu'il y a de
plus sensé dans les meilleurs ouvrages que l'on a
faits touchant les lois de la guerre et de la paix.

Outre cela, il assistait de temps en temps au conseil, où, toutes les fois que nos voisins nous fournissaient des occasions de rompre la paix, il fut le premier à dissuader de la guerre, quelque gloire qu'il fût comme assuré d'en retirer. Le roi rendait à son désintéressement toute la justice qui lui était due, ainsi qu'à ses autres grandes qualités. De son côté le vicomte de Turenne ne l'approchait qu'avec une espèce de timidité, et c'était toujours avec les manières les plus respectueuses qu'il lui parlait et qu'il traitait les affaires en sa présence. Cette timidité néanmoins ne l'empêchait pas de parler fortement contre les fautes des ministres, même les plus accrédités ; de solliciter vivement le roi en faveur des gens de mérite ; et de lui demander, jusqu'à l'importunité, les principaux emplois du royaume pour ceux qui avaient les qualités les plus propres à les remplir, sans que ces gens-là même en sussent rien. Dès qu'il les connaissait les plus dignes, il représentait continuellement leur capacité et leurs services, jusqu'à ce qu'il eût obtenu les grâces qu'il demandait pour eux.

Telles étaient les occupations du vicomte de Turenne lorsque la mort enleva la vicomtesse de Turenne, sa femme. Du caractère dont était le vicomte de Turenne, il est aisé de juger combien il fût vivement touché de sa perte. La tendresse

infinie qu'il avait pour elle, fut la mesure de sa
douleur ; tout ce qu'on lui put dire pour le consoler
fut inutile, il la regretta pendant toute sa vie.
Comme il n'en avait point d'enfant, il fallut qu'il
rendît sa dot au duc de la Force. Il voulait lui
rendre plus qu'il n'avait reçu. Le duc de la Force,
de son côté, en voulait moins qu'il ne lui en
appartenait ; et ce combat de générosité, dont il y a
si peu d'exemples, dura longtemps entre l'un et
l'autre.

Ce fut dans ce temps-là que le roi, ne pouvant
tirer aucune raison des Espagnols, au sujet de
quelques provinces des Pays-Bas, qu'il prétendait
appartenir à la reine par droit de *dévolution*, résolut de porter la guerre en Flandre. Le cardinal
Mazarin était mort, et le roi gouvernait par lui-
même. Ayant donc proposé son dessein au vicomte
de Turenne, il lui dit qu'il se reposait entièrement
de l'exécution sur ses propres soins, mais que
cependant il voulait aller dans les Pays-Bas en
personne pour apprendre de lui le métier de la
guerre.

Turenne, ravi de cette noble inclination, donna
ordre à toutes les troupes de marcher du côté de
la Flandre ; et sitôt qu'elles furent assemblées sur
la frontière, le roi s'y étant rendu, il fut résolu
que le gros de l'armée attaquerait la Flandre par le
milieu, et qu'on aurait deux camps-volants sur les

ailes : l'un dans le Luxembourg, sous les ordres du marquis de Créqui, pour veiller sur les Allemands, et l'autre vers la mer, sous le commandement du maréchal d'Aumont, pour attaquer quelques places de ce côté-là. Le duc de Noailles fut aussi envoyé dans le gouvernement du Roussillon avec quelques régiments pour avoir soin de cette province ; et la répartition des troupes ayant été faite selon les divers corps dont on voulait se servir en différents endroits, la grande armée eut ordre de marcher à Charleroi sur la Sambre. A son approche, le marquis de Castel-Rodrigo, gouverneur des Pays-Bas, fit sauter les fortifications de la place et l'abandonna. On rétablit très-promptement ces fortifications ; on s'empara de Binche et d'Ath, villes situées entre la Sambre et l'Escaut, on défit sept à huit cents hommes qui voulaient se jeter dans Tournay, ville de très-grande réputation, et qui ne tint pourtant que deux jours devant son armée. On marcha ensuite vers Douai, sur la rivière de Scarpe, on prit cette ville et son fort en trois jours, et Oudenarde sur l'Escaut en vingt-quatre heures ; après quoi on se saisit d'Alost sur la Tenre, et on alla assiéger Lille, ancienne capitale de la Flandre française, fortifiée de quatorze bastions royaux, entourée de doubles fossés, dans laquelle il y avait une garnison de six mille hommes de troupes réglées, et plus de trente mille habitants portant

les armes, et qui fut néanmoins réduite à capituler
en neuf jours de tranchée ouverte. Cependant le
maréchal d'Aumont, de son côté, prit Bergues,
Furnes, le fort Saint-François, Armentières et
Courtrai; si bien qu'on se rendit maître de treize
places en moins de quatre mois. Le roi voulait que
le vicomte de Turenne lui fît remarquer tout ce qui
se passait, qu'il l'accompagnât à la tranchée, et
qu'il lui rendît raison de toutes choses. Aussitôt
après la prise de Lille, il fit un détachement de
son armée, qu'il envoya contre le comte de Marsin
et le prince de Ligne, qui avait assemblé un corps
de troupes pour s'opposer à nos entreprises; mais,
comme ils ne voulurent pas en venir aux mains
avec nous, on les attaqua dans leur retraite auprès
du canal de Bruges. On battit leur arrière-garde,
on leur prit plus de quinze cents chevaux, on leur
tua six ou sept cents hommes, on mit le reste en
déroute, et personne n'osa plus paraître devant
nous.

Le roi, se voyant maître de la campagne, établit des contributions jusqu'aux portes des plus
grandes villes; il força les petites places à demander
la neutralité, pourvut à la sûreté de celles dont
il s'était rendu maître, et fit observer la disci-
pline la plus exacte à ses troupes dans tout le pays
nouvellement conquis, afin de gagner par là le cœur
des peuples, et les faire revenir de l'aversion que

les Flamands avaient eue jusque-là pour la domination française.

Cependant les Espagnols appréhendèrent encore une fois de perdre tout le Pays-Bas. Ils offrirent de terminer par un accommodement les contestations qui faisaient le sujet de la guerre. On accepta leur offre. La ville impériale d'Aix-la-Chapelle fut choisie pour le lieu où se tiendraient les conférences ; mais, de peur que les négociations ne tirassent en longueur du côté de l'Espagne, le roi en personne, suivi du prince de Condé, alla attaquer la Franche-Comté, quoiqu'on fût au plus fort de l'hiver, et l'on se rendit maître de cette province en dix jours. La rapidité de nos conquêtes augmenta les alarmes des Espagnols : ils demandèrent avec empressement la paix, laquelle fut enfin conclue par un traité qui portait qu'en rendant la Franche-Comté aux Espagnols, nous demeurerions maîtres de toutes les places que nous avions prises sur eux en Flandre.

Les occupations de la guerre n'avaient point empêché le vicomte de Turenne de continuer à chercher, dans les livres catholiques, l'éclaircissement des doutes qui lui étaient venus au sujet de la religion calviniste. La paix, durant laquelle il était bien moins occupé, lui fut encore plus favorable pour s'en éclaircir. Il sentit enfin le faible du calvinisme, et, pressé par sa conscience, il fit connaître son

état à quelques évêques de ses amis : il s'ouvrit
encore davantage au duc d'Albret, qui, par des
lumières supérieures, leva jusqu'aux moindres
doutes qui pouvaient lui faire quelque peine. Alors,
convaincu qu'il était hors de la véritable Eglise,
quoiqu'il fût regardé parmi les calvinistes comme
un des protecteurs de leur secte, il l'abandonna.
Il alla faire son abjuration entre les mains de l'ar-
chevêque de Paris, et il ne l'avertit de son dessein
que la veille du jour où il la devait faire, voulant
éviter l'ostentation qui accompagne ordinairement
ces sortes de cérémonies quand elles viennent à la
connaissance du public. Le pape lui écrivit un bref
pour le féliciter de sa conversion, qui réjouit tous
les catholiques à mesure que la nouvelle s'en répandit dans la chrétienté.

Cependant le vicomte de Turenne, persuadé que
sa conduite et ses actions devaient répondre à la
sainteté de la religion qu'il venait d'embrasser, passait presque tout son temps dans les exercices de
piété et de charité qui édifiaient tout le monde ; si
bien qu'on pouvait le proposer pour modèle aux
anciens catholiques mêmes, et que tous les calvinistes qui se réunirent depuis à l'Eglise romaine
avouaient que rien n'avait tant contribué à leur
conversion que l'exemple de ses vertus. Il vivait à
Paris avec une si grande simplicité, qu'il semblait
qu'on fût, à cet égard, dans l'ancienne Rome, où

l'on ne distinguait point les plus grands capitaines d'avec les moindres citoyens. Ainsi, libre de l'ambition et des autres passions qui attachent les hommes à la cour, et pénétré des grandes vérités de notre sainte religion, il avait résolu de passer sa vie dans quelque retraite et ne s'occupait plus que de cette pensée.

LIVRE CINQUIÈME

Guerre avec la Hollande. — Ligue des Espagnols et des princes allemands. — Amour des soldats pour Turenne. — Combat de Sintzheim — Campagne du palatinat. — Combat d'Ensheim, de Turkeim. — Mort de Turenne.

Le vicomte de Turenne était dans cette pieuse disposition lorsque le roi lui fit part du dessein qu'il avait de porter la guerre en Hollande, où il voulait aller en personne, et lui ordonna de se tenir prêt à le suivre.

La guerre ayant donc été déclarée aux états-généraux des Provinces-Unies, le roi fit marcher toutes ses troupes vers la frontière de la Hollande, et il donna les autres ordres nécessaires pour pouvoir attaquer avec succès cette puissante république.

Nos troupes s'étant assemblées vers Charleroi sur la Sambre, le roi s'y rendit, suivi du duc d'Orléans, son frère, du prince de Condé et du vicomte de Turenne. L'armée se trouva de soixante mille hommes. On la partagea en quatre corps. Et le vicomte de Turenne, à la tête de celui qui devait faire comme l'avant-garde, s'étant chargé de pénétrer le premier dans les pays ennemis, et d'en

ouvrir les passages, décampa des bords de la Sambre, et s'avança en prenant toutes les villes qui se
trouvaient sur son passage. Les ennemis alarmés
accoururent du fond de la Hollande sur le bord du
Rhin, de peur que nous ne fissions un pont en
quelque endroit pour entrer plus avant dans leur
pays ; mais nos généraux ayant été d'avis qu'on
passât ce fleuve à la nage, on le traversa un peu au
dessous du fort de Tolhuis, à la vue d'un corps de
Hollandais retranchés sur l'autre bord. Cette action
étonnante les épouvanta tellement qu'ils s'enfuirent
avec frayeur au delà de l'Issel, dernier retranchement qui pouvait seul nous empêcher d'entrer dans
le cœur de la Hollande.

Ce ne fut après cela qu'une suite de nouvelles conquêtes dont la rapidité étonna toute l'Europe. Le
roi prit Doesbourg ; le duc d'Orléans Zutphen ; le
vicomte de Turenne les forts de Skinck, de Knot-
zémbourg, de Woorn, de Saint-André et de Crève-
cœur ; les villes de Nimègue et de Grave, Utrecht,
Voerden, Amersfort, Naerden et plusieurs autres
villes aussi considérables se soumirent au roi ou
furent forcées par les armes. On avait déjà plus de
vingt-cinq mille prisonniers ; on s'était rendu maître
de quarante villes en vingt-deux jours, de sorte que
les Hollandais, résolus de mettre leur pays sous
l'eau, s'ils ne pouvaient autrement sauver leur
liberté, voyant que nous forcions tout ce qui faisait

la moindre résistance, rompirent leurs ponts, lâchèrent leurs écluses, et percèrent même en quelques endroits leurs digues, pour nous arrêter par les inondations qu'ils firent autour des places où ils se renfermèrent. Dans ce triste état, ils députèrent vers tous les princes de l'Allemagne et du Nord, pour implorer leur secours et les conjurer de s'opposer au plus tôt au torrent des prospérités de la France, dont ils disaient que l'impétuosité menaçait toute l'Europe.

Le roi, ne pouvant avancer plus loin, s'en retourna à Paris avec le duc d'Orléans, après avoir fait généralissime de toutes ses troupes qui restaient dans les Provinces-Unies le vicomte de Turenne, auquel il voulut que les maréchaux de Créqui, d'Humières et de Bellefond obéissent comme à lui-même. Ils refusèrent d'abord de le faire. Ils se repentirent presque aussitôt de ne l'avoir pas fait ; mais le roi ne leur pardonna, et ne leur permit d'aller faire la fonction de lieutenants généraux sous le vicomte de Turenne, qu'aux instances de tout le corps des maréchaux de France, qui demanda grâce pour eux.

Cependant l'empereur, le roi de Danemarck, les électeurs de Saxe et de Brandebourg, les ducs de Brunswick et de Lunebourg, et plusieurs autres souverains, firent une ligue contre nous avec les états-généraux des Provinces-Unies. L'électeur de

Brandebourg fut le premier qui se mit en campagne
pour venir à leur secours. Ce prince avait vingt-cinq
mille hommes de ses propres troupes, et dix mille
de celles de l'empereur, que lui avait amenées le
comte de Montécuculli. Il avait un équipage d'artillerie de soixante pièces de canon et d'un très-grand
nombre de mortiers.

À la tête de cette puissante armée, il se flattait
d'aller fort embarrasser le vicomte de Turenne, qui,
étant obligé de mettre des garnisons dans presque
toutes les villes de la Hollande, ne pouvait avoir
guère de troupes de reste en campagne. Il menait
avec lui le prince électoral son fils : il croyait marcher à une victoire sûre. Il avait déjà fait sommer
l'électeur de Cologne et l'évêque de Munster, nos
alliés, d'abandonner les engagements qu'ils avaient
avec la France, et il s'avançait vers le Rhin pour
venir nous chercher.

Le marquis de Louvois, qui était secrétaire d'état
et qui avait le département des affaires de la guerre,
écrivit aussitôt au vicomte de Turenne de la part du
roi, lui représentant de quelle importance il était
d'empêcher que l'électeur de Brandebourg ne passât
le Rhin ; mais comme il n'y avait pas d'apparence
qu'il pût garder tous les postes d'un fleuve de cette
étendue, le roi lui ordonnait seulement d'empêcher,
s'il était possible, que les ennemis n'y prissent
quelques postes considérables, estimant qu'on ne

pouvait pas rendre à l'état un plus grand service que celui-là.

Turenne ne put prendre que douze mille hommes avec lui pour aller faire tête à l'électeur de Brandebourg ; encore y en avait-il parmi ce petit nombre qui n'étaient pas trop contents d'aller recommencer une nouvelle campagne, à la fin de celle qu'ils venaient de finir ; de sorte qu'il y en eut plusieurs, et même de la maison du roi, qui quittèrent l'armée. Le vicomte de Turenne, croyant que le manque d'argent avait obligé quelques-uns à prendre ce parti malgré eux, offrit sa bourse aux commandants des compagnies, et, les ayant engagés par là à le suivre, il passa le Rhin à Wesel.

La hardiesse de cette démarche surprit toute l'Allemagne, qui avait cru qu'il se contenterait de défendre le passage de ce fleuve. La cour de France même en fut étonnée ; et le roi lui envoya quatre mille hommes pour remplacer les soldats qui avaient quitté.

L'électeur de Brandebourg, qui s'était attendu à faire tout fuir devant lui, fut fort déconcerté quand il apprit que le vicomte de Turenne avait passé le Rhin. Il se retira devant lui ; et Turenne, le poursuivant sans relâche, s'empara des comtés de la Marck et de Ravensberg, et poursuivit l'électeur jusque dans sa principauté d'Halberstadt, où il s'était retiré après avoir laissé une partie de ses troupes pour garder les postes qui étaient entre lui et nous.

La saison était extraordinairement rigoureuse ; il faisait un froid cruel, et la terre était tellement gelée qu'on ne pouvait ouvrir la tranchée devant les villes qu'on assiégeait, et qu'on était obligé d'essuyer tout le feu de la mousqueterie et du canon des ennemis à découvert. Il fallait passer par des montagnes très-difficiles et par des défilés très-étroits.

Le vicomte de Turenne s'étant couché un jour derrière un buisson pour dormir pendant que l'armée passait un de ces défilés qui était fort long, quelques soldats le reconnurent ; et, comme la neige commençait à tomber sur lui, ils coupèrent aussitôt des branches d'arbres pour lui faire une hutte. Plusieurs cavaliers qui survinrent, voyant que les branches ne le mettaient pas assez à couvert, donnèrent tous à l'envi leurs manteaux pour lui faire une espèce de tente. Sur quoi s'étant éveillé, et leur ayant demandé à quoi ils s'amusaient au lieu de marcher : *Nous voulons*, répondirent-ils, *conserver notre général ; c'est là notre plus grande affaire, et si nous venions à le perdre, nous ne reverrions peut-être jamais notre pays.* Cependant les peines que les soldats avaient à souffrir sont presque inconcevables ; mais l'abondance où ils se trouvaient dans un pays ennemi leur faisait oublier toutes leurs

fatigues; d'ailleurs, le vicomte de Turenne les mé-
nageait en toutes choses avec des soins si pleins de
bonté que la reconnaissance les aurait fait aller avec
lui jusqu'au bout du monde. Ainsi, malgré tant
d'obstacles qui se présentaient, il força tous les
passages, à la garde desquels les ennemis avaient
laissé des troupes en se retirant, et prit en si peu de
temps toutes les villes où ils avaient jeté des garnisons, que l'électeur de Brandebourg, ne se croyant
pas en sûreté dans la principauté d'Halberstadt où il
était, repassa l'Elbe à Magdebourg, et se réfugia à
Berlin, capitale de ses états.

On ne comprenait pas comment le vicomte de
Turenne osait s'engager ainsi, avec une armée, dans
un pays si éloigné, où il n'y avait ni places ni magasins. Il avait même réalisé son plan de campagne
en opposition avec les ordres de Louvois et même
de Louis XIV; et comme, dans un si grand éloignement, il ne pouvait pas envoyer des courriers
en France aussi régulièrement qu'on l'aurait sou-
haité, et comme on fut quelque temps sans recevoir
de ses nouvelles, ses envieux commencèrent à dé-
clamer contre lui, disant qu'il s'était laissé couper,
et que l'armée du roi était perdue. Le roi était
peut-être l'homme de son royaume qui fût le plus
sur ses gardes lorsqu'on parlait au désavantage des
absents, d'autant plus réservé à s'appliquer sur les
gens que le déchaînement était plus grand contre

eux. Il ne se déclarait presque jamais en ces sortes
d'occasions ; néanmoins dans celle-ci, où plusieurs
courtisans murmuraient de ce qu'on ne savait ce
qu'était devenu le vicomte de Turenne, il lui échappa de dire qu'à la vérité il n'avait aucune nouvelle
de lui. Mais on ne fut pas longtemps sans en recevoir, et l'on apprit bientôt qu'après avoir poussé
l'électeur de Brandebourg depuis le Rhin jusqu'à
l'Elbe, sans qu'il osât tourner la tête pour défendre
ses états, il l'avait réduit à chercher un asile dans
sa capitale, où même ne se trouvant pas en sûreté,
il avait enfin été forcé de demander la paix, qu'on
ne lui accorda qu'après qu'il eut donné caution de
sa parole et qu'il eut engagé le duc de Neubourg
à se rendre garant de la fidélité avec laquelle il
promettait d'observer les engagements qu'il con-
tractait avec la France par son traité. Alors la
médisance se tut, et les envieux du vicomte de
Turenne, depuis cela, semblèrent toujours res-
pecter son mérite.

Jusqu'aux ennemis de l'État, ils ne pouvaient
s'empêcher d'être touchés de ce mérite, comme
on le vit dans ce temps-là à l'égard de l'électeur
de Brandebourg. Car, lors même que ce prince était
poursuivi par nos troupes d'une manière si mortifiante pour lui, ayant appris qu'un homme était
passé dans le camp du vicomte de Turenne à dessein de l'empoisonner, il ne put souffrir qu'il pérît

si malheureusement, et lui en donna avis ; de sorte qu'on reconnut ce misérable, que le vicomte de Turenne se contenta de faire chasser de son armée.

Le roi, pour immortaliser l'expédition du vicomte de Turenne, fit frapper la médaille où l'on voit, auprès d'un trophée, la Victoire qui écrit sur un bouclier le nom des villes les plus considérables que le vicomte de Turenne prit pendant l'hiver de cette année-là. La légende, *A Rheno ad Albim pulso Brandeburgensi electore*, signifie : *L'électeur de Brandebourg poussé depuis le Rhin jusqu'à l'Elbe.* L'exergue marque la date 1673.

Cependant l'Espagne, voyant le succès extraordinaire de nos armes, se ligua avec les Hollandais, et se prépara à nous faire la guerre du côté des Pays-Bas ; et l'empereur ayant formé, de toutes les troupes de ses états, une armée de trente-cinq mille hommes, il ordonna au comte de Montécuculli de la mener au secours de la Hollande, et de faire tout son possible pour passer le Rhin et se joindre aux troupes de cette république, à la tête desquelles était le prince d'Orange, et à celles des Espagnols, que commandait le comte de Monterey, gouverneur général des Pays-Bas ; ne doutant point qu'avec ces trois armées réunies il ne fût aisé de nous chasser de la Hollande et de l'empire. Le vicomte de Turenne voulait aller chercher l'armée de l'empereur jusque dans la Bohême, où elle s'assemblait ; mais le roi lui manda de ne rien faire ; parce qu'il avait résolu d'aller raser en Alsace quelques places suspectes. Il lui ordonna de venir couvrir le Rhin du côté de cette province, d'empêcher en même temps, s'il était possible, la jonction des troupes impériales avec celles des Espagnols et des Hollandais, du côté du Bas-Rhin, et il lui envoya pour cela quatre mille hommes de renfort. Après des marches et des contre-marches audacieuses et savantes qui tinrent les armées ennemies en échec, Turenne donna des quartiers d'hiver à son armée dans l'électorat de Trèves, et vint lui-même à la cour, où le roi l'attendait pour conférer avec lui sur les diverses opérations de guerre qui devaient occuper ses armées l'année suivante.

La conquête de la Franche-Comté fut la première entreprise par laquelle on résolut d'ouvrir la campagne ; elle se fit rapidement par le roi en personne. Toute l'Allemagne, effrayée par ce nouveau triomphe, s'ébranla contre nous. L'électeur de Bavière et le duc de Hanovre seuls demeurèrent neutres.

A un si grand nombre d'ennemis, le roi n'opposa que le vicomte de Turenne, et il l'envoya contre eux avec dix mille hommes. Turenne passe aussitôt le Rhin, et arrive à l'improviste sous les murs de Philisbourg devant l'armée ennemie, commandée par le duc de Lorraine et le comte de Caprara,

Comme ceux-ci ne voulaient point en venir aux mains avec nous que le duc de Bournonville ne les eût joints, ils résolurent de se retirer au-delà du Necker, et s'avancèrent à grande journée vers Hailbron, pour y passer ce fleuve. Le vicomte de Turenne, pénétrant leur dessein, pressa encore plus la marche des soldats : il leur fait faire douze lieues en un seul jour, avec des fatigues inconcevables; mais ils étaient persuadés qu'il ne leur aurait pas voulu donner la moindre peine sans une nécessité absolue. Aussi, bien loin de murmurer contre lui, on les voyait se piquer d'émulation à qui ferait paraître plus de gaieté dans les difficultés d'une marche aussi pénible, et à qui irait plus vite, dans la seule vue de faire quelque plaisir à ce prince, qu'ils regardaient moins comme leur général que comme leur père, de sorte qu'ayant fait près de trente lieues en quatre jours, ils joignirent les ennemis avant qu'ils fussent arrivés au Necker.

Le duc de Lorraine et le comte de Caprara, nous voyant si près d'eux qu'il leur était impossible de nous éviter, ne pensèrent plus qu'à occuper quelque poste où leur armée pût être en sûreté contre tout ce que nous pourrions entreprendre, jusqu'à ce que le duc de Bournonville les fût venu joindre. Sintzheim, où ils étaient, leur parut très-propre pour cela. Cette ville est située au pied d'une montagne dont la pente est assez douce. Une vieille abbaye qu'on a fortifiée, et qui sert de château, est sur une hauteur, entre la ville et la montagne, beaucoup plus élevée que la première, et un peu plus basse que la seconde. Sur cette montagne est une plaine qui est fermée par derrière d'un grand bois, et qui est assez spacieuse pour qu'on y puisse ranger une armée en bataille. C'est là le poste que choisirent le duc de Lorraine et le comte de Caprara pour y attendre le vicomte de Turenne.

Ils se saisirent de la ville et du château; ils y jetèrent une partie de leurs bataillons pour les défendre, et ils y mirent toute leur cavalerie, avec le reste de leur infanterie, en bataille dans la plaine qui est au dessus de la montagne. Toute leur armée y fut rangée sur deux lignes. Le comte de Caprara se mit à la tête de la première, et le duc de Lorraine à la tête de la seconde.

Là, adossés d'un grand bois, qui empêchait qu'on ne pût aller à eux par derrière, ils voyaient leur droite assurée par le château et par la ville dont ils étaient les maîtres, et leur gauche fermée par une chaîne de montagnes escarpées, qui s'étendaient fort loin; ils avaient, outre cela, devant eux, au pied de la montagne et au-delà même de la ville, la rivière d'Elsatz et un gros ruisseau qui les enfermaient par-devant, du côté de la plaine de Sintzheim.

Ce fut dans cette plaine que le vicomte de

Turenne arriva après quatre jours de marche. Il
reconnut d'abord la situation des lieux et la disposition des ennemis. Ils n'avaient que neuf à dix
mille hommes comme nous; mais leurs troupes,
sortant de bons quartiers, étaient fraîches et repo-
sées; au lieu que les nôtres étaient extrêmement
fatiguées d'une marche de près de trente lieues
faites en quatre jours et sans équipages. Toute leur
cavalerie était cuirassée, et la plupart de nos cavaliers n'avaient pas même de buffles. Enfin, leur
armée ne pouvait manquer d'avoir sur la nôtre
l'avantage d'un grand front. Le vicomte de Turenne
vit toutes ces difficultés comme en un instant :
mais il envisagea en même temps tous les embarras
où il se trouverait, après la jonction du duc de
Bournonville, s'il ne battait pas les ennemis avant
que ce général les eût joints; et considérant outre
cela quel avantage ce serait pour la réputation et
les intérêts de la France, dans la conjoncture des
affaires, d'ouvrir la campagne par une victoire
s'il pouvait venir à bout de la remporter, il se
détermina au combat, malgré tant d'obstacles qui
devaient, ce semble, l'en détourner. Ayant ainsi
prit parti, il commença par attaquer la ville, qu'il
emporta malgré une vigoureuse résistance. La
vigueur de cette action, dont la nouvelle fut portée
dans le château par quelques fuyards, y jeta l'épou-
vante. Tous ceux qu'on avait mis dedans pour le

défendre l'abandonnèrent et s'enfuirent. Le duc de
Lorraine et le comte de Caprara, qui en furent avertis,
y envoyèrent promptement un régiment d'infanterie; mais, quoique la hauteur sur laquelle était
ce château fût assez escarpée de notre côté, nous
y arrivâmes les premiers, et celui qui commandait
les ennemis ayant été tué de la première décharge
qu'on fit sur eux, tous les autres prirent aussitôt
la fuite.

Turenne s'occupa aussitôt de l'attaque générale.
Il se mit au centre de l'armée, à la tête de laquelle
il fit avancer le canon, et il ordonna, sur toutes
choses, à sa cavalerie, d'essuyer le feu des ennemis sans tirer, et de ne les charger que l'épée à la
main. A peine eûmes-nous formé deux petites
lignes à mi-côte, que les ennemis, qui de leur
hauteur voyaient tous nos mouvements, ne voulant
pas nous laisser le temps d'en former une troisième,
vinrent fondre sur nous avec tout l'avantage que leur
donnait la pente du terrain, et renversèrent notre
première ligne sur la seconde. Notre canon ne faisait que d'arriver, et il était encore attelé; de sorte
que les attelages, épouvantés par le bruit de la
mousqueterie des ennemis, s'échappèrent à travers
nos escadrons, et, rompant nos lignes, entraînè-
rent deux pièces de canons jusqu'à l'arrière-garde;
ce qui causa beaucoup de confusion.

Turenne rétablit ce désordre le plus promptement

qu'il lui fut possible. Il fit avancer nos bataillons, la
pique baissée, pour arrêter l'impétuosité des cui-
rassiers de l'empereur, qui faisaient tous leurs efforts
pour enfoncer nos lignes ; et Turenne s'étant mis
à la tête de la cavalerie avec tous les officiers-généraux, ils fondirent l'épée à la main sur les ennemis. Tous les escadrons se mêlèrent dans cette
charge, et notre cavalerie rompit presque les cui-
rassiers qui étaient devant elle. Turenne ne se con-
tentait pas d'aller dans les rangs pour encourager
ses troupes de la voix et du geste ; il les animait
par son exemple, en ne se ménageant pas plus que
le moindre soldat. Il se trouvait partout, donnant
ses ordres avec toute la tranquillité possible. Il se
mêla dix fois avec les ennemis l'épée à la main, et
il fut plus d'une demi-heure au milieu des cuiras-
siers de l'empereur.

Le duc de Lorraine et le comte de Caprara n'en
faisaient pas moins ; et s'étant mis à la tête de leur
armée avec tous les officiers généraux, le combat
devint beaucoup plus terrible qu'il ne l'avait encore
été. Il n'y eut point d'escadron qui ne chargeât
quatre ou cinq fois. Les étendards et les drapeaux
furent repris des deux côtés. Le marquis de Mont-
gon portait la cornette blanche ; la lance de sa
cornette ayant été cassée en trois morceaux par
deux coups de sabre et un coup de pistolet, il essuya
le feu de deux bataillons pour ramasser cette cor-

nette, et il eut encore son épée cassée d'un second
coup de pistolet. Nos autres officiers firent également paraître leur courage dans les diverses ren-
contres qui se présentèrent. La poussière était si
grande qu'on ne se voyait presque point ; et la confusion inévitable dans ces sortes d'occasions con-
tribuant au carnage, on s'acharna tellement que
l'on était mêlé ensemble, amis et ennemis, quelquefois sans se connaître ni pouvoir rejoindre ceux
de son parti ; le désordre était souvent égal de part
et d'autre. Les ennemis se rallièrent jusqu'à sept
fois et firent huit charges consécutives, mais ils
furent toujours rompus et repoussés ; et comme à
chaque charge ils perdaient un peu de terrain que
gagnaient aussitôt nos troupes, nous étendions
toujours de plus en plus le front de nôtre armée ;
de sorte qu'il se trouva jusqu'à dix-huit escadrons à
nôtre première ligne, où il n'y en avait eu d'abord
que cinq, et que, montant toujours peu à peu, nous
arrivâmes enfin presque au sommet de la montagne.
Alors le vicomte de Turenne marcha aux ennemis
avec la première ligne, résolut de les charger et
de les pousser avec toute la vigueur possible. Mais
le duc de Lorraine et le comte de Caprara, voyant le
terrain que nous avions gagné sur eux, ne jugèrent
pas à propos de nous attendre ; et, profitant de
l'avantage de la poussière qui nous empêchait de
les voir bien distinctement, ils firent approcher peu

à peu leur armée du bois qui était derrière eux, et où tous les ennemis se jetèrent pêle-mêle pour se retirer du côté d'Héidelbourg, faisant couvrir leur retraite par quelques escadrons, qui, après avoir fait une assez légère charge à l'arrière-garde, les suivirent aussitôt et se retirèrent avec eux.

Le vicomte de Turenne, ayant reconnu les bords du bois et l'entrée des routes, s'y jeta avec toute son armée. On y trouva les équipages des ennemis et leurs blessés, qu'on prit avec les trainards. On passa le bois, qui avait une demi-lieue de largeur. On suivit les ennemis plus d'une heure dans la plaine jusqu'à un autre bois, où ils entrèrent et où ils continuèrent leur retraite. Mais, comme ils prirent diverses routes qui nous étaient inconnues, et que d'ailleurs nos troupes étaient extrêmement fatiguées, Turenne se contenta de faire poursuivre les ennemis jusqu'à Necker par le marquis de Renty, à qui il donna un corps de cavalerie, et il campa entre les deux bois avec le reste de son armée. Cette retraite se fit avec tant de frayeur de la part des ennemis, que plusieurs, ne se croyant pas en sûreté après avoir passé le Necker à Heidelberg, firent encore plus de seize lieues par delà et ne s'arrêtèrent point qu'ils ne fussent arrivés à Francfort.

La bataille, avec les actions qui la précédèrent, dura depuis trois heures du matin jusqu'à cinq

heures du soir. Nous y perdîmes les sieurs de Cou-
langes et de Rochefort, tous deux mestres-de-camp,
près de cent quatre-vingts officiers subalternes et
environ onze cents soldats, qui furent tués. Le marquis de Saint-Abre, le sieur de Sillery et le sieur
de Beauvezé y furent blessés à mort : le chevalier
de Bouillon, le comte de la Marck, les marquis
d'Aubeterre et de la Salle, et la plus grande partie
des officiers subalternes y furent aussi blessés,
mais moins dangereusement. Il demeura, du côté
des ennemis, plus de trois mille morts sur le champ
de bataille, sans les blessés; on fit cinq ou six cents
prisonniers; on prit plusieurs drapeaux, étendards
et timbales, et quarante chariots chargés de bagage.
Le vicomte de Turenne mit tout le Palatinat à con-
tribution; il fit donner des vivres en abondance à
ses troupes harassées, et pour les remettre entièrement de leurs fatigues, il les ramena au-delà du
Rhin, où étaient les équipages de l'armée.

La France, pour consacrer à la postérité la mémoire d'une expédition si prompte et si vive, fit
frapper la médaille où l'on voit un foudre ailé. Les
mots de la légende : *Vis et celeritas*, signifient :
Vigueur et vitesse; et l'exergue : *Pugna ad
Sintzhemium, M. DC. LXXIV. Bataille de Sintzheim. 1674.*

Depuis cette bataille, les ennemis, qui avaient été
dispersés dans leur retraite, s'étaient rassemblés

au-delà du Necker, où le duc de Bournonville, général de l'armée impériale, les avait enfin joints avec un corps de huit mille hommes. Ils n'osaient néanmoins tenir la campagne, et ils se retranchaient dans leur camp, où ils étaient résolus de demeurer en attendant les troupes des cercles, des princes et des états de l'Empire, qui venaient les joindre. Mais le vicomte de Turenne, qui voulait encore les combattre avant cette seconde jonction, ayant fait suffisamment rafraîchir son armée, qui venait d'être renforcée de quinze cents chevaux et de l'infanterie qu'il avait à Hochfeld, passa encore une fois le Rhin à Philisbourg, sans emmener de bagages avec lui, afin de pouvoir aller plus vite ; il marcha trois jours et trois nuits, et arriva au Necker. L'armée des ennemis était de treize à quatorze mille hommes, et la nôtre n'était que de dix à onze mille ; néanmoins, le vicomte de Turenne, ayant résolu de les aller attaquer, borda le Necker de son canon à Wiblinghen, où il voulait passer et y faire un pont sous le feu de son artillerie ; mais, à peine ce pont était-il commencé, que les ennemis abandonnèrent leur camp et leurs retranchements, et se retirèrent vers le Mein, du côté de Francfort.

Le vicomte de Turenne détacha après eux le comte de Roye avec un corps de cavalerie, lui ordonnant de les charger sitôt qu'il serait à portée pour les arrêter, et de lui donner le temps d'arriver avec le reste de l'armée, à laquelle il fit promptement passer le Necker, moitié à gué, moitié sur son pont. Jamais troupes ne marchèrent avec plus d'ardeur que les nôtres; quelque diligence que fît la cavalerie, l'infanterie la joignit à tous les défilés. Mais les ennemis avaient tellement peur que nous ne tombassions sur eux, qu'ils firent quatorze lieues tout d'une traite; ils étaient au-delà de Zwinghenberg, lorsque le comte de Royé commença à charger leur arrière-garde; le vicomte de Turenne y étant arrivé bientôt après avec toute l'armée, la frayeur saisit tellement les ennemis à notre approche, qu'ils se débarrassèrent de tout ce qui les pouvait incommoder, pour fuir avec plus de précipitation. Toute leur route était semée de cuirasses et d'autres sortes d'armes; ils laissèrent derrière eux beaucoup d'hommes et de chevaux fatigués, que nous prîmes, et on les poussa enfin si vivement, que l'infanterie s'étant débandée à droite et à gauche dans les montagnes et dans les bois, il ne s'en tira pas quatre cents hommes ensemble, et que leur cavalerie ne s'arrêta point qu'elle ne fût derrière Francfort, au-delà du Mein. Nous les suivîmes jusque sur les bords de ce fleuve; nous prîmes les principaux officiers qui étaient à l'arrière-garde; et un grand nombre de soldats, six pièces de canon et une partie du bagage; et ce fut pour immortaliser cette déroute qu'on frappa la médaille où l'on voit un homme à

cheval, qui tient un étendard aux armes de France
et qui court à toutes jambes après les ennemis. Derrière est le fleuve du Necker. La légende : *Germa-
nis iterum fusis*, signifie : *Les Allemands défaits
une seconde fois* ; l'exergue : *ad Nicrum, M. DC.
LXXIV, sur les bords du Necker*, 1674.

Par cette fuite des ennemis, le vicomte de Turenne, se trouvant maître du Palatinat, y fit vivre
ses troupes à discrétion ; et son armée, en quatre
ou cinq campements, qui durèrent près d'un mois,
consomma tous les fourrages et toutes les moissons
de ce pays, de manière qu'il eût été impossible à
aucun corps de troupes d'y subsister. La plupart des
paysans du Palatinat, dépouillés de toutes choses,
furent obligés d'abandonner leurs maisons et de
sortir du pays ; mais il n'y eut sortes de cruautés
qu'ils ne fissent souffrir à ceux de nos soldats qu'ils
purent prendre, pour se venger de l'extrémité où
nous les réduisions. Ils en pendirent quelques-uns
la tête en bas, et les firent brûler à petit feu, ou
les laissèrent ainsi mourir sans les étrangler ; ils
arrachèrent le cœur et les entrailles à quelques
autres encore en vie, et leur crevèrent les yeux ;
et, après les avoir tous massacrés ou mutilés avec
la cruauté la plus barbare, ils les exposèrent en
cet état sur les grands chemins. Notre armée eut ce
triste spectacle en plusieurs endroits de sa marche ;
et les Anglais ayant trouvé le corps de quelques-

uns de leurs camarades ainsi misérablement tron-
qués, cette barbarie les outra de telle sorte qu'ils
allèrent comme des furieux, le flambeau à la main,
mettre le feu partout aux environs, et brûlèrent
quantité de bourgs et de villages, et même quelques petites villes, dont les habitants furent contraints de s'aller établir dans d'autres états.

L'électeur palatin, voyant son pays ainsi dépeuplé
et ravagé, était au désespoir de n'avoir pas accepté
la neutralité que nous lui avions offerte. Irrité de
la désolation de ses états, n'ayant point d'armée
pour s'en venger, et ne sachant à qui s'en prendre,
il envoya faire un appel au vicomte de Turenne, et
lui écrivit une lettre par laquelle il lui mandait
qu'il le voulait voir, l'épée à la main, dans un
combat particulier. Comme cette lettre lui fut ap-
portée devant tout le monde par un trompette, il
la lut en présence de quelques officiers qui étaient
avec lui; mais il n'eut pas plus tôt vu ce qu'elle
contenait, qu'il fut très-fâché de l'avoir lue publi-
quement, par considération pour l'électeur palatin,
à la réputation duquel il craignit que cette lettre
ne fît beaucoup de tort; car cet électeur passait pour
le prince de tout l'empire qui avait le plus d'esprit;
et le vicomte de Turenne, jugeant bien qu'il ne
serait pas longtemps à se repentir de l'appel qu'il
lui avait fait faire, aurait bien voulu ménager l'honneur de ce prince. En effet, il n'eut pas plus tôt

lu la réponse pleine de sagesse que lui fit le vicomte
de Turenne, qu'il demeura confus de ce que la pas-
sion lui avait fait faire. Le vicomte de Turenne ne
voulut donner à qui que ce fût copie de cette lettre, et il ne l'envoya même au roi qu'après qu'il lui
eut promis qu'il ne la ferait voir à personne. Il fit
un châtiment exemplaire de ceux qui avaient été les
auteurs des incendies; et comme c'étaient la plupart de fort braves gens, il ne put les condamner à
la mort sans se faire une extrême violence; ce que
tout le monde remarquant, il fut toujours regardé
comme le père de ses soldats, lors même qu'il les
faisait punir suivant toute la rigueur des ordon-
nances.

Au reste, après avoir consommé les fourrages et
tout ce qui pouvait servir aux ennemis dans la partie
du Palatinat qui est à la droite du Rhin, il revint
dans celle qui est à la gauche, pour en faire autant. Ce fut là que, la dyssenterie s'étant mise dans
son armée, on reconnut, encore mieux qu'en aucune autre occasion, jusqu'où s'étendait sa bonté
pour les troupes; car le meilleur père ne se donna
jamais plus de mouvements et de soins pour la
guérison de ses enfants qu'il s'en donna pour celle
de ses soldats. Aussi étaient-ils pleins d'amour et
de vénération pour lui. Ils n'avaient nulle inquié-
tude, pourvu qu'ils sussent qu'il était en bonne
santé; mais le travail et les fatigues continuelles

qu'il avait à soutenir leur faisaient craindre qu'il ne vînt enfin à y succomber. S'ils étaient seulement une demi-journée sans le voir, ils couraient à sa tente pour apprendre de ses nouvelles ; quand il passait à la tête du camp, ils sortaient de leurs baraques ou de leurs canonnières, comme s'il y avait eu longtemps qu'ils ne l'eussent vu, et on les entendait se dire les uns aux autres : *Notre père se porte bien, nous n'avons rien à craindre*. Il ne se passait guère de jours qu'il ne les vît tous; il les saluait et leur parlait avec une noble familiarité, et il prenait plaisir à voir combien il en était aimé.

Cependant l'armée de l'empereur et de ses confédérés avait été jointe par les troupes de tous les cercles de l'Empire ; et comme il semblait que cette multitude d'ennemis allait inonder tout le royaume, Louvois manda au vicomte de Turenne d'abandonner au plus tôt l'Alsace, et de se retirer sous Nancy, pour sauver l'armée du roi, et défendre, s'il était possible, la Lorraine. Les ennemis ayant passé le Rhin à Mayence, le roi envoya lui-même les ordres les plus pressants à Turenne pour venir couvrir la Lorraine. Si le vicomte n'avait pas eu un aussi grand zèle pour son service, il n'aurait pas différé un moment à les exécuter ; mais, comme il était incapable de faire une chose qu'il savait être contraire au bien de l'Etat, il demeura encore en Alsace, nonobstant ces ordres, après avoir toutefois écrit une lettre au roi pour lui rendre raison de sa conduite.

« Les ennemis, dit-il dans cette lettre, quelque grand nombre de troupes qu'ils aient, ne sauraient, dans la saison où nous sommes, penser à aucune autre entreprise qu'à celle de me faire sortir de la province où je suis, n'ayant ni vivres ni moyens pour passer en Lorraine, que je ne sois chassé de l'Alsace; et si je m'en allais de moi-même, comme votre majesté me l'ordonne, je ferais ce qu'ils auront peut-être bien de la peine à me faire faire! Quand on a un nombre raisonnable de troupes, on ne quitte pas un pays, encore que l'ennemi en ait beaucoup davantage; et je suis persuadé qu'il vaudrait mieux, pour le service de votre majesté, que je perdisse une bataille, que d'abandonner l'Alsace et de repasser les montagnes. » Il finit cette lettre en offrant de prendre tout sur lui et de se charger des événements; si bien que le roi, satisfait de ses raisons, et se confiant d'ailleurs à la capacité et à l'expérience du vicomte de Turenne, lui envoya cinq à six mille hommes de renfort, et le laissa maître de faire ce qu'il voudrait.

Le duc de Bournonville et les autres généraux qui commandaient les troupes de l'empereur et celles de l'empire, crurent qu'ils n'avaient qu'à s'avancer vers le vicomte de Turenne, et qu'à la première ou seconde marche, il se retirerait aussitôt en Lorraine, ou qu'il reculerait au moins jusqu'à Saverne ; mais ils furent bien surpris lorsqu'ils virent qu'il les attendait de pied ferme. Ils vinrent jusqu'à Spire, d'où ils envoyèrent reconnaître son camp. Ils avaient cinquante mille hommes, et il n'en avait que seize à dix-sept mille. Néanmoins, ayant vu l'avantage du poste qu'il avait choisi et la fermeté avec laquelle il leur armée, ils ne jugèrent pas à propos de , et dirigèrent leur marche vers Strasbourg, attendant l'électeur de Brandebourg, qui amenait vingt mille hommes et qui n'était plus qu'à quelques journées de Strasbourg. Turenne, considérant les entreprises que les ennemis pourraient faire dans le royaume, qui était ouvert de ce côté-là, lorsqu'un si puissant renfort les aurait joints, résolut de les combattre avant cette jonction, et vint se poster à Ensheim, à une lieue de l'armée allemande.

Quoique le vicomte de Turenne eût été renforcé de quelques régiments, son armée était encore plus de la moitié plus faible que celle des Impériaux. Néanmoins, connaissant la valeur de ses officiers et la confiance qu'avaient en lui les soldats, il persista dans le dessein d'attaquer les ennemis, malgré tous les avantages qu'ils avaient du côté du nombre et du côté du poste.

Le résultat répondit à sa confiance ; les ennemis furent défaits et prirent la fuite en désordre, lais-

sant plus de trois mille des leurs sur le champ de
bataille.

Les ennemis, malgré la perte qu'ils avaient faite,
ne laissaient pas d'avoir encore près de quarante
mille hommes en état de combattre, et ils vinrent
s'abriter sous les murs de Strasbourg, où Turenne
ne jugea pas à propos de les aller attaquer; aimant
mieux donner un repos à rétablir ses troupes,
il les mena à Marienalh, qui était à trois lieues de là,
et où il y avait du fourrage et toutes sortes de munitions en abondance.

Cependant le duc de Bournonville fut joint sous
les murailles de Strasbourg par quelques troupes
des cercles de Souabe et de Franconie. L'électeur
palatin y vint aussi à la tête de deux mille chevaux,
le duc de Zell lui amena encore trois mille hommes,
et l'électeur de Brandebourg arriva enfin avec son
armée.

Pour résister à de si grandes forces, le vicomte
de Turenne n'avait pas tant de troupes que l'électeur de Brandebourg seul venait d'en amener aux
ennemis. C'est pourquoi on lui envoya cinq ou six
mille gentilshommes de la noblesse, dont on avait
convoqué l'arrière-ban. Mais, comme ces gentilshommes n'étaient point disciplinés et qu'ils n'é-
taient point accoutumés à camper, il ne les garda
pas longtemps.

Le roi fit aussi marcher à son secours deux renforts de troupes, l'un de six à sept mille hommes, sous les ordres du marquis de Genlis, et l'autre de quatorze à quinze mille hommes, sous les ordres du comte de Sault. Le vicomte de Turenne laissa venir le marquis de Genlis; mais il envoya ordre au comte de Sault de demeurer en Lorraine avec le corps qu'il amenait, ce qui étonna tous ceux qui savaient le peu de monde qu'il avait, et le grand nombre des ennemis, car leur armée était alors de plus de soixante mille hommes.

L'électeur de Brandebourg, à la tête de tant de forces réunies, décampa d'auprès de Strasbourg, passa la rivière d'Ill, et s'avança vers Marheim, où nous étions encore. Le vicomte de Turenne, le voyant approcher, se retira à Dettwiller sur la Soot, à trois lieues de Marheim. Cette retraite augmenta la surprise de tout le monde, et l'on avait d'autant plus de regret pour sa réputation qu'il fît de pareilles démarches devant les ennemis faute de troupes, qu'on savait qu'il n'avait tenu qu'à lui d'en avoir davantage.

Turenne laissa parler, resta dans une inaction apparente, puis, dans le fort de l'hiver, fit des mouvements si habilement combinés, qu'il chassa les ennemis de l'Alsace; puis, il joignit le comte de Bournonville à Turcheim et le mit en pleine déroute.

Turenne reçut alors une lettre du roi, par laquelle il lui mandait qu'il avait impatience de le

revoir, pour lui témoigner la satisfaction qu'il avait
du service important qu'il venait de lui rendre. Ce
général, ayant donné tous les ordres nécessaires pour la sûreté de l'Allemagne et pour les
quartiers d'hiver de son armée, prit le chemin
de la cour. Il trouva sur toute sa route un concours
de gens de toutes sortes d'âges et de conditions,
qui venaient au-devant de lui pour le voir. Il y en
eut en Champagne qui vinrent de dix lieues sur le
chemin par où il devait passer; et les habitants de
cette province, persuadés qu'ils lui étaient redevables
de tout le bien et de tout le repos dont ils jouis-
saient, versaient des larmes de joie en le voyant.
Le roi le reçut d'une manière qui faisait assez
connaître qu'il n'y avait personne dans son royaume
qu'il estimât plus que lui. On ne parlait à la cour
que de la conduite qu'il avait tenue pendant cette
dernière campagne, dont l'éclat semblait surpasser
celui de toutes les autres. Chacun le regardait
comme un homme qui venait de sauver l'Etat. On
s'arrêtait dans les rues de Paris pour le voir passer;
il ne pouvait plus aller dans les églises qu'il ne
fût environné d'une foule de peuple qui semblait
ne pouvoir se rassasier de le voir; la plupart des
princes étrangers faisaient venir son portrait. Personne n'avait peut-être jamais joui d'une réputation
si pure et si étendue; et il ne tenait qu'à lui d'ac-
croître encore sa gloire en continuant de commander

les armées. Mais, au contraire, il souhaitait fort alors qu'on eût bien voulu l'en dispenser : son âge déjà avancé, et ce fond de religion dont il avait le cœur rempli, le pressait fortement de se dégager de toutes les affaires du monde pour passer le reste de ses jours dans la retraite. Cependant, persuadé que tant que la guerre durerait il ne pourrait quitter le service sans manquer à ce qu'il devait à son roi et à l'Etat, il accepta encore le commandement de l'armée qui devait agir cette année-là du côté de l'Allemagne. Schelestadt fut le rendez-vous qu'il marqua aux troupes, et il alla se remettre à leur tête sitôt qu'elles y furent assemblées.

Les grands avantages qu'il avait remportés la campagne précédente avaient fait perdre aux divers corps de l'armée impériale la confiance qu'ils avaient en leurs chefs, et la terreur était répandue parmi toutes leurs troupes. Pour les rassurer, l'empereur en donna le commandement au comte de Montécuculli.

Les deux plus grands généraux de l'époque étaient alors en présence, toute l'Europe était attentive. Turenne prit bientôt la supériorité, et, poursuivant toujours les ennemis à mesure qu'ils se retiraient, il voulut les forcer à accepter le combat. Il prit lui-même des dispositions pour livrer bataille, visita tous les postes, se transporta sur une éminence pour reconnaître encore mieux les endroits par où il voulait faire attaquer les Impériaux.

Il voyait que les ennemis ne pouvaient plus lui échapper, et que, selon toutes les apparences, il allait enfin recueillir le fruit d'une si pénible campagne, lorsque, les ennemis ayant fait tirer une volée de canon vers l'endroit où il était, il fut atteint d'un boulet qui lui donna au milieu de l'estomac et le renversa mort par terre....

Ce même boulet de canon emporta un bras à M. de Saint-Hilaire, lieutenant-général de l'artillerie; et comme ses deux enfants pleuraient de le voir dans cet état : *Ce n'est pas moi*, leur dit-il, *qu'il faut pleurer, c'est ce grand homme*, en leur montrant le corps du vicomte de Turenne; *c'est la perte irréparable que la France vient de faire*. La plupart de ceux qui virent ainsi tomber le vicomte de Turenne demeurèrent tellement éperdus qu'on eût dit qu'ils avaient été frappés du même coup. Cependant un d'entre eux, qui sut mieux se posséder que les autres, jugeant de quelle conséquence il était de cacher un accident si funeste, jeta promptement un manteau sur le corps du vicomte de Turenne, et le fit emporter le plus secrètement qu'il put, de manière que cette mort fut plus tôt sue dans l'armée des ennemis que dans la nôtre, un de ceux qui en avaient été témoins étant aussitôt passé dans leur camp pour la leur apprendre. A

cette nouvelle, le comte de Montécuculli, qui n'i-
gnorait pas les avantages qu'il pouvait retirer de la
mort du vicomte de Turenne, ne parut néanmoins
sensible qu'à la douleur qu'il avait de la perte de
ce général, duquel il dit ce beau mot, qui renferme
un sens si profond : *Il faisait honneur à l'homme.*

Ainsi périt l'un des plus grands hommes de
guerre qui aient illustré la France. Turenne réu-
nissait toutes les qualités éminentes qui font les
grands hommes et les héros, et il pourra être
présenté à toujours, comme un modèle, à ceux que
la divine Providence appelle à la tête des armées et
des nations.

FIN.

TABLE DES MATIÈRES

FIN DE LA TABLE.

— Lille. Typ. L. Lefort. 1858.

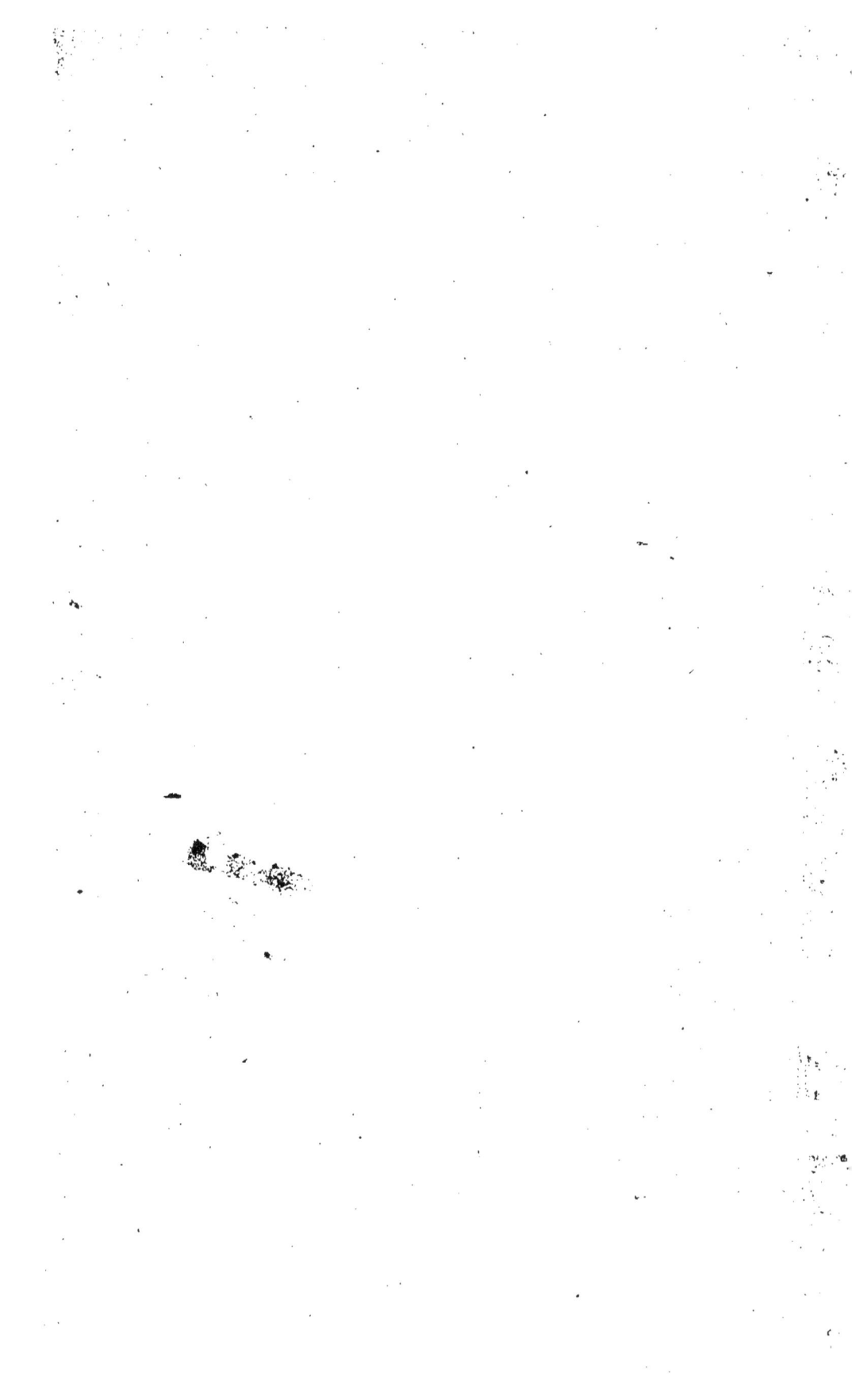

www.ingramcontent.com/pod-product-compliance
Lightning Source LLC
Chambersburg PA
CBHW062221270326
41930CB00009B/1817